Anne-Marie Beaudoin-Bégin

LA LANGUE AFFRANCHII

SE RACCOMMODER AVEC L'ÉVOLUTION LINGUISTIQUE

ÉDITIONS
SOMME
TOUTE

LA LANGUE AFFRANCHIE

a été publié sous la direction de Ianik Marcil

Conception et illustration de la couverture : Lino
Mise en pages : Camille Savoie-Payeur
Direction de l'édition : Renaud Plante
Direction de la production : Marie-Claude Pouliot
Révision : Caroline Décoste
Correction : Andrée Laprise

© 2017 Anne-Marie Beaudoin-Bégin et les éditions Somme toute

ISBN 978-2-924606-37-7 ♦ epub 978-2-924606-51-3 ♦ pdf 978-2-924606-50-6

Nous remercions le Conseil des arts du Canada de l'aide accordée à notre programme
de publication et la SODEC pour son appui financier en vertu du Programme d'aide
aux entreprises du livre et de l'édition spécialisée.

Nous reconnaissons l'aide financière du gouvernement du Canada par l'entremise
du Fonds du livre du Canada (FLC) pour nos activités d'édition.

Financé par le
gouvernement
du Canada  Canada

Gouvernement du Québec – Programme de crédit d'impôt
pour l'édition de livres – Gestion SODEC

Dépôt légal – 2ᵉ trimestre 2017
Bibliothèque et Archives nationales du Québec ♦ Bibliothèque et Archives Canada

À feu ma grand-mère
qui était « toujours de travers dins menouères »

TABLE DES MATIÈRES

PRÉFACE

«Une fois, c'tait un néologisme qui voulait rentrer dans *Le Robert*, *Le Robert* s'est tassé, pis y'est rentré dans' langue pareil.»
— Caroline Décoste

Tel un biscuit chinois providentiel dont le contenu te révèle exactement ce que tu veux au moment où tu en as besoin, quelques heures à peine après que j'eus terminé de lire le remarquable essai *La langue affranchie*, un ami m'a appelé pour me raconter son week-end durant lequel un redoux digne d'un alizé hawaiien avait transformé son coquet village de pêche blanche en une saguenéenne Venise de la sébaste. Ah! comme la slush a slushé! Ou, si vous préférez François Villon : «mais où sont les neiges d'antan?»

De but en blanc, je lui demande s'il a été capable de se rendre jusqu'à sa cabane sans avoir à se construire un vaporetto, *rapido presto*.

Il me répond ça : «Es-tu fou! C'tait pas allable!» Ainsi donc, les chemins étaient impraticables sous cette chaleur à faire ramollir le plus acéré des séracs, le plus compacté des bancs de neige, mais mon ami, qu'on peut difficilement traiter d'analphabète, avait décidé de dire «pas allable» avec un ton qui laissait deviner l'état de la couverture de glace plus efficacement que n'importe quelle circonvolution mal adaptée à raconter un réel qui, ce jour-là, fessait solidement dans le dash. «Pas allable», les mêmes mots que ceux de mon grand-père lorsqu'il me racontait cette inondation durant les années 1920 au Lac-Saint-Jean, un déluge qui avait laissé, paraît-il, dans son sillage une quantité phénoménale de billots de bois sur le chemin de fer : «y avait des pitounes sur la track, c'était pas allable!» Est-ce mal, docteur? Réponse courte? Pantoute. Réponse longue? Un essai brillant qui explique, avec une érudition qui le dispute à l'intelligibilité (sur un fond d'humour salutaire), que mon ami, comme mon grand-père à une époque complètement différente, parle une langue d'abord et avant tout efficace, adaptée, vivante. Car oui, une langue, ça respire, ça transpire, ça rote, ça pète, c'est parfois déglingué, ça capote sa vie, ça radote, c'est lyrique, ça rase les pâquerettes pour ensuite tutoyer Trappist-1 et parfois, dans le meilleur des cas, en même temps. Une langue, ça vit.

Et des décennies après qu'un magazine comme *Liberté* a eu le courage de prendre position contre les tenants d'un français sentant le renfermé et la soumission à Paris, aux Anglais et au clergé (faut quand même le faire), ceux qu'Yves Préfontaine brocardait en revendiquant «la liberté d'être et d'être en action dans une langue délivrée»[1], Anne-Marie Beaudoin-Bégin, continue un combat qui n'est manifestement pas terminé : celui de nous sortir de cette culpabilité. Cette foutue culpabilité, dont on assomme quiconque ose parler autre chose qu'un code sentant le formol et l'interdit. L'auteure démontre noir sur blanc, et avec une salutaire érudition, la fumisterie que constitue plus souvent qu'autrement le fait de dire qu'une forme ou qu'un mot est supérieur à un autre. Comme disait Raoul Vaneigem dans *Le livre des plaisirs*, «le secret d'une autorité, quelle qu'elle soit, tient à la rigueur inflexible avec laquelle elle persuade les gens qu'ils sont coupables». Et ces pros de l'anathème ont encore leurs tribunes.

Parmi ces nouveaux essentialistes d'une supposée forme pure de la langue, dont Anne-Marie Beaudoin-Bégin nous apprend qu'elle n'est que construction, on compte notamment les Denise Bombardier et autres Mathieu Bock-Côté. Des gens qui n'en ratent jamais une pour se désoler de la supposée décadence de notre langue, cette pauvresse chassée d'un biblique jardin d'Éden (qu'on se garde bien de nommer parce qu'il n'existe pas), malmenée par les assauts d'une modernité contre laquelle elle doit s'ériger plutôt que de s'en nourrir. Notre insolente linguiste ne le dit pas en ces mots, mais on pourrait dire qu'elle est en quelque sorte une linguiste darwinienne : ce qu'elle nous dit, et qu'on espère qu'elle contribuera à rendre une évidence, c'est qu'une langue est une entité qui doit s'adapter pour survivre. Le règne animal est lui-même jonché d'innombrables charniers de splendides fossiles, des formes parfaites, qui avaient raison, et qui maintenant, faute d'adaptation, continuent de nous montrer leur raison du fond de leurs vitrines de musées. Une langue vivante, tel un organisme qui sécrète constamment des

---

1. Yves Préfontaine, «Parti pris», *Liberté*, no. 423, 1962, p. 294.

mutations génétiques qui le rendront résilient, est à la fois une acceptation et un défi au monde. «Toute vraie innovation est une traduction, une continuation. [...] La forme nouvelle trouve sa justification dans la tension d'ambiguïté qu'elle crée dans le langage, entre passé et futur»[2], nous dit aussi Alberto Manguel.

Pour autant faut-il être béat devant l'influence de l'anglais? J'anime depuis bientôt six ans une émission qui traite de culture numérique sur les ondes d'Ici Radio-Canada Première. En tant qu'animateur de cette radio qui compte dans son histoire son lot de grands communicateurs, j'ai bien évidemment une responsabilité face à nos auditeurs de parler une langue soutenue, une langue maîtrisée et oui, je trouve qu'on a besoin de notre Guy Bertrand national! La technologie est aussi un domaine où l'envahissement de l'anglais est énorme et doit être combattu. Ainsi, avec ses «fichiers» et ses «téléchargements» le français est parfaitement adapté à transcrire ce nouveau monde. Mais pourquoi ne pas utiliser «gameuse» quand on parle d'un «joueuse de jeux vidéo»? Pourquoi ne pas «loller» quand on exprime le fait de s'esclaffer dans un fil de commentaires en ligne? Après tout, personne n'a perdu sa langue écoutant l'andante d'un concerto de Mozart… Anne-Marie Beaudoin-Bégin n'est pas non plus dupe devant les réelles…

Et puis il y a ce réel, ce sacré réel. Qui nous nargue, qu'il faut nommer. Il s'agit maintenant de savoir si nous voulons nous parler du présent avec une langue jalousement gardée, pour la forme, dans une ère pré-textos ou si nous voulons faire du français une langue qui raconte le XXIe siècle à la manière du XXIe siècle. Proust n'aurait pas écrit *À la recherche du temps perdu* en contemplant l'heure de pointe sur le boulevard Laurier un vendredi après-midi de décembre. Aussi bien accepter ce «glorieux chaos» et en prendre acte. Voulons-nous défendre un fossile plutôt qu'une entité mutante, imparfaite, mais qui appartient résolument au royaume des vivants? Anne-Marie Beaudoin-Bégin a choisi son camp, pis chus ben down avec ça.

– Matthieu Dugal

2. «Gardons le pouvoir de nommer le monde» (entretien avec Alberto Manguel), *L'Humanité.fr*, 5 décembre 2002, http://www.humanite.fr/node/276023.

PROLOGUE
CHARLOTTE EST PARTIE...

Charlotte est partie. Elle a quitté la maison familiale, sa maison ancestrale. Ce n'est pas qu'elle ne l'aime pas, cette maison. Bien sûr qu'elle l'aime. Mais c'est qu'elle ne s'y voit plus. Elle ne voit pas comment elle pourrait y être heureuse...

Elle connaît bien l'histoire de sa communauté, Charlotte. Elle l'a bien apprise. Elle connaît bien toutes les luttes que ses ancêtres ont dû mener pour sauvegarder leurs maisons, pour les protéger lorsque les Extranei sont arrivés. Elle sait que sa communauté est originaire d'un autre endroit, la Métropolie ; que ses ancêtres sont les premiers à avoir bâti de belles maisons ici, en Colonie. Elle sait qu'ils ont vécu bien des tourments. Elle sait que les Extranei (les Étrangers, elle a cherché l'origine du mot) ont essayé d'abattre les maisons et les habitations des premiers arrivants, pour bâtir les leurs, prétendument supérieures.

« Il faut protéger la maison. » Cette phrase, elle l'a entendue prononcer par sa mère des centaines de fois. Elle est belle, la maison. Elle est grande. Mais c'est compliqué d'y vivre. On ne peut pas y faire ce qu'on veut. Par exemple, il faut cirer les planchers une fois par mois. C'est une corvée familiale. Tout le monde s'y met. Charlotte a même suivi des cours à l'école pour apprendre à fabriquer la cire et à l'utiliser correctement. Parce que ce n'est pas tout de savoir cirer les planchers, il faut le faire correctement. Charlotte se souvient d'avoir demandé à sa mère, un jour, pourquoi ils ne vernissaient pas le bois, comme les habitants du village voisin le faisaient. « Vernir ? Avec un produit d'Extranei ? Mais tu n'y penses pas, ma pauvre Charlotte ! Ce serait défigurer notre maison ! Ce serait l'enlaidir ! Elle perdrait son âme ! » Elle n'avait pas insisté...

Pourtant, il y a eu des changements à la maison au fil du temps. Les maisons de Colonie ne sont évidemment pas les mêmes que lorsque les premiers habitants sont arrivés ! On y a graduellement installé l'eau courante, l'électricité, même Internet ! Et beaucoup de ces commodités viennent des Extranei. « Il faut bien être de son temps ! » dit son père. Mais il semble que le vernis pour les planchers, c'est trop.

Vers l'âge de 10 ans, Charlotte a dessiné sur les murs de sa chambre. Elle a dessiné un arbre et des oiseaux. Elle s'était dit que si elle devait « protéger la maison » toute sa vie, comme sa mère le lui enseignait, aussi bien la mettre un peu à son goût. De toute façon, qu'est-ce que ça pouvait bien faire au reste de la maison qu'un des murs de sa chambre soit un peu différent. Ça avait été une mauvaise idée. Elle avait dû aller chercher la Peinture ancestrale dans le grenier et recouvrir son dessin du Bleu habituel des chambres des filles de 10 ans. « Tu dois apprendre à maintenir une maison correctement, Charlotte. Tu dois suivre les règles. C'est très grave, ce que tu as fait. »

Pendant quelque temps, Charlotte s'est tenue tranquille. Elle a accompli ses tâches, elle a appris les Règles de la maison ancestrale, elle a maintenu les traditions. Un jour, son père lui a acheté un miroir venu de Métropolie, pour mettre dans sa chambre. Sa famille était toute fière. Tout le monde n'arrêtait pas de dire que les vrais bons produits de maison se trouvaient en Métropolie. Charlotte trouvait que le miroir ne convenait pas vraiment à sa chambre : le cadre était bleu, certes, mais ce n'était pas le même bleu que sur les murs. C'est que les produits utilisés en Colonie pour fabriquer la peinture du Bleu habituel ne sont pas les mêmes que ceux utilisés en Métropolie. Et en Colonie, on a des miroirs rectangulaires, pas ovales. C'est que les premiers habitants, lorsqu'ils étaient arrivés, n'avaient pas les outils nécessaires pour faire des ovales. Ils avaient donc fait des rectangles, et tout le monde en Colonie s'y était habitué. Les parents de Charlotte affirmaient que le Bleu habituel de Métropolie était le véritable bleu, et qu'elle devait se réjouir d'en avoir une petite partie. Ils disaient également que l'ovale était beaucoup plus beau et plus noble que le rectangle, et que cela permettrait de mieux préserver leur maison. D'ailleurs, dans ses livres, à l'école, on ne parlait que de miroirs ovales et du bleu de Métropolie.

Vers 17 ans, Charlotte s'est fait de nouveaux amis, un peu plus vieux qu'elle. C'étaient des artistes. Ils habitaient dans une maison où chacun pouvait faire ce qu'il voulait avec sa chambre. Ils utilisaient toutes les couleurs habituelles de

Colonie, mais d'une manière différente. On avait même mis le Bleu habituel de la chambre de Charlotte… dans la cuisine ! L'un d'eux avait aussi réussi à intégrer un nouveau produit dans la cire à plancher pour faire en sorte qu'elle dure plus longtemps. Plus besoin de cirer les planchers tous les mois, il suffisait de le faire une fois par année. Charlotte n'en revenait pas. Une autre avait trouvé un vieux miroir ovale au fond d'un entrepôt. Il était brisé. Plus personne ne l'utilisait. L'artiste l'avait donc cassé en plus petits morceaux, et avait reproduit l'ovale en mosaïque, à l'intérieur d'un miroir rectangulaire. L'effet était phénoménal.

Les parents de Charlotte ne voyaient pas d'un bon œil ces relations. Ils avaient peur que les nouveaux amis influencent Charlotte négativement. De toute façon, tout le monde mettait en garde contre ces « jeunes » qui faisaient les choses n'importe comment et qui osaient remettre en question les Règles de la maison ancestrale. Certains d'entre eux n'avaient même pas suivi les cours nécessaires à l'école. C'était dangereux. Le maintien des maisons était en jeu. Si on ne suivait pas les Règles héritées de Métropolie, les Extranei allaient gagner.

Mais Charlotte ne comprenait pas comment on pouvait demander aux jeunes de préserver quelque chose, d'en être fier, de s'y identifier, tout en leur imposant des Règles d'une autre époque et en dénigrant leur manière d'envisager la réalité. Comment s'attendait-on à ce que les jeunes soient fiers des maisons ancestrales si tout ce qu'on faisait, c'était leur dire qu'ils ne savaient pas s'en occuper ?

Puis Charlotte a rencontré Zach. Zach est un Extraneus. Zach habite dans une maison très différente de celle de Charlotte. Zach a donné un bout de mur de sa chambre à Charlotte pour qu'elle y dessine un arbre et des oiseaux. Zach a trouvé ça beau. La mère de Charlotte, catastrophée, l'a accusée de trahison. Elle lui a dit qu'elle ne comprenait pas comment sa propre fille pouvait renier ainsi ses ancêtres, comment elle pouvait ignorer leurs luttes contre ces Extranei. Charlotte a eu beau lui dire qu'elle, elle ne sentait aucun sentiment d'appartenance par rapport à ces luttes, qu'elle ne voyait pas les choses de la même manière que sa mère, que tout avait changé depuis le temps, que la situation n'était plus la même, qu'elle voulait seulement vivre dans une maison à son goût, rien n'y fit. Sa mère n'a pas compris.

Alors Charlotte est partie.

INTRODUCTION

Après l'Acte d'Union de 1840, lorsque les autorités britanniques ont ouvertement véhiculé la volonté d'assimiler les francophones, les lettrés canadiens ont pensé que pour défendre la langue française contre cette assimilation, il fallait la purger de tous les traits qui la rendaient différente de la variété hexagonale, le «français de France», le «véritable français», comme l'a appelée le penseur Raoul Rinfret dans son *Dictionnaire de nos fautes contre la langue française* (1896). Louable intention, certes, mais qui n'a pas donné le résultat escompté. Car la variété québécoise n'a pas été purgée de ses particularités : les Québécois, aujourd'hui, ne parlent pas le «français de France», et ils se font encore critiquer et corriger par les puristes modernes. Pourtant, la langue française est toujours présente. C'est donc dire que le maintien du français au Québec ne dépendait pas de la correctivité langagière. De fait. Le maintien d'une langue ne dépend pas de la langue elle-même, mais bien de ses locuteurs. Une langue n'est pas protégée par sa qualité, mais bien par le fait que les locuteurs continuent de la parler. Et au Québec, c'est la Revanche des berceaux et la loi 101 qui ont fait en sorte que les francophones ont continué à parler leur langue.

Mais si l'entreprise des lettrés du XIXe siècle n'a pas sauvé le fait français au Québec, elle a quand même eu une conséquence importante : celle de créer un profond sentiment d'insécurité linguistique. L'insécurité linguistique, ce sentiment qui fait qu'une personne croit que sa langue n'est pas la «bonne langue», la «vraie langue», que sa langue doit toujours être corrigée, surveillée, est profondément toxique. Ce sentiment fait maintenant partie intégrante de l'imaginaire linguistique québécois.

Et on se le transmet de génération en génération. Cela semble aller de soi. Les «bons mots» ne sont pas les mots utilisés au quotidien. On ne dit pas *brocheuse*, on dit *agrafeuse*. On ne dit pas *aiguise-crayon*, on dit *taille-crayon*. On ne dit pas *liqueur*, on dit *boisson gazeuse*. On ne dit pas *patates pilées*, on dit *pommes de terre en purée*. Les chroniques sont quotidiennes. On apprend comment «bien parler», «bien écrire», avec peu de nuances sur le registre de langue ou la situation de communication.

Et les gens qui ont l'impression de mieux maîtriser ces règles se donnent le droit, voire le rôle, de critiquer, de condamner, au nom du maintien de la langue, ces gens qui osent faire des «fautes». Les linguistes Laurence Arrighi et Isabelle Violette, de l'Université de Moncton, parlent «d'outil d'exclusion». C'en est un. On se sert de la langue, ou de la non-maîtrise des règles, comme outil pour exclure, stigmatiser, ostraciser. Mais comme personne ne peut s'opposer, concrètement, à une «langue de qualité» – personne n'est contre la vertu – ces outils d'exclusion passent pour des constats objectifs. Or, ils n'en sont pas. C'est une lutte de pouvoir.

> En tenir compte offre une compréhension de ce qui se joue dans le discours sur la qualité de la langue, autant en ce qui a trait à son origine qu'à ses incidences. Cela nous montre aussi que l'identité sociale des acteurs du débat – ceux qui l'instiguent, conseillent et condamnent, ceux qui en sont l'objet – est significative et que le discours sur la qualité de la langue des jeunes, pour neutre, juste et démocratique qu'il se donne, est un discours situé, axiologiquement chargé, empreint de violence symbolique (Arrighi et Violette, 2013, p. 92-93).

L'idée du dix-neuvième qui veut qu'une langue «de qualité» soit plus en sécurité devant l'assimilation fait partie de cette violence symbolique. Sous prétexte de défendre la langue, on se permet de corriger les autres, au nom de critères que ces autres ne partagent pas nécessairement. Mais cette violence est en train de produire l'effet inverse. Car à force d'à force, il y a saturation de correction. Plusieurs Québécois n'en peuvent plus de se faire dire que tel mot n'est pas le bon mot, que tel autre mot est un anglicisme, qu'on ne «doit pas» dire telle expression. Les corrections deviennent du bruit ambiant, et la plupart des gens continuent à dire ces mots, ces expressions. Ils ne font plus confiance aux autorités langagières. Quant aux jeunes, à qui l'on demande d'être fiers de leur langue, mais à qui, du même souffle, on dit que cette langue n'est pas la « bonne », ils en ont marre. L'idée du dix-neuvième qui voulait protéger le français est en train de le mettre en danger.

L'insécurité linguistique québécoise, en plus d'être un sentiment toxique qui nuit à la définition identitaire globale, met la langue française en danger au Québec. Les jeunes peinent à se retrouver dans ce français sur-corrigé et sur-surveillé, duquel on tente de bloquer l'évolution, de peur qu'elle le corrompe.

Prenons garde. Car les jeunes finissent souvent par avoir raison.

CHAPITRE 1
CHAOS GLORIEUX ET DISSONANCE COGNITIVE

«Language isn't a formal system. Language is a glorious chaos.»
(xkcd, *I could care less*)

Je ne parle pas comme ma mère. Elle, elle ne parle pas comme la sienne. Ma fille ne parle pas comme moi, ni comme son père, ni comme le voisin d'en face. Je ne parle pas de la même manière quand je donne une conférence que quand je bois une bière avec mes amis. Mes amis québécois ne parlent pas comme mes amis français. Ou belges. Ou suisses.

C'est ce qu'on appelle la variation linguistique. Variation selon l'âge (diachronique), selon le lieu (diatopique), selon la classe socio-économique (diastratique), selon le moyen de communication (diamésique), selon la situation de communication (diaphasique). Tous ces beaux termes utilisés pour habiller la linguistique ne servent en fait qu'à démontrer une chose : *language isn't a formal system; language is a glorious chaos.* La langue est un chaos glorieux.

Jouons à un jeu avec les couleurs. Imaginons que je veuille peinturer[3] les murs de mon salon en vert. Je vais à la quincaillerie pour me chercher des petits cartons de couleurs. Sur aucun des cartons, il n'est écrit *vert*. C'est plutôt *berge verte, petite seille* ou *fête de jardin*. Il y a même *la base*. Les noms ont peu d'importance, mais prenons-en qui font plus partie de l'usage québécois. Disons *vert lime, vert forêt* et *vert fluo*. Si je faisais le test en donnant à des gens plusieurs cartons sur lesquels il y a chacun de ces verts, et que je leur demandais de les classer par couleur, il y a fort à parier que tout le monde réussirait à le faire. Mais si je demandais ensuite laquelle de ces couleurs est la couleur verte, on aurait bien du mal à me répondre. Car vert lime, vert forêt et vert fluo sont tous des verts. Différents, mais verts quand même. C'est donc dire qu'en

---

3. Au Québec, nous avons une distinction sémantique entre *peinturer* et *peindre*, le premier étant ce que n'importe qui fait sur les murs, le second étant l'action de l'artiste...

soi, le vert n'existe pas. C'est une opération de l'esprit. On a, dans sa tête et inconsciemment, accumulé les caractéristiques communes de ces différentes couleurs, on a décidé de les classer dans la même catégorie, et d'appeler cette catégorie *vert*. Et on serait bien en peine de décrire objectivement ces caractéristiques. Ah ! bien sûr, les spécialistes peuvent nous parler de longueurs d'ondes ou de pigments, mais la personne lambda qui peinture son salon n'est pas spécialiste, et elle est quand même capable de reconnaître ces couleurs.

De plus, *vert* n'est pas une catégorie fermée. Car si la catégorisation de vert lime ou de vert forêt semble évidente, c'est une autre histoire avec turquoise. Certaines personnes classent cette couleur dans les bleus, d'autres dans les verts. Et que fait-on des couleurs métalliques ? Ou plus pâles ? En somme, le vert n'est pas un système formel. Le vert est un chaos glorieux.

La langue française, comme le vert, n'existe pas. Il s'agit d'une opération de l'esprit. En soi, il n'y a pas *un* français, comme il n'y a pas *un* vert. Il y a un ensemble de codes de communication desquels on accumule les caractéristiques pour les regrouper dans la catégorie *français*. Et on serait bien en peine de décrire objectivement ces caractéristiques. Et s'il y a un centre de certitude, par exemple, si la phrase « Je mange une pomme » est reconnue par tous comme appartenant au français, il y a aussi des zones turquoise, variant selon les perceptions.

Imaginons maintenant qu'il y ait des règles du vert. Qu'à l'école, on apprenne que vert lime, même si tout le monde dans la société l'associe au vert, n'appartient pas au vert. Imaginons que vert lime ne soit pas répertorié dans le Couleuronaire et que, pour cela, certaines personnes aillent même jusqu'à dire que vert lime… n'existe pas. Que lorsqu'un publiciste veuille mettre du vert lime sur un panneau, il se fait reprendre, corriger, voire stigmatiser. Que les gens qui utilisent et qui aiment le vert lime développent l'idée qu'ils sont mauvais et qu'ils ne connaissent pas leurs couleurs. Qu'ils se mettent à souffrir d'insécurité couleurique…

C'est assez ridicule, comme idée, n'est-ce pas? Mais on peut appliquer le même raisonnement pour la langue, et la seule raison pour laquelle il n'est pas aussi ridicule, c'est que les règles sociales associées à la langue sont tellement ancrées profondément qu'on les accepte sans trop se poser de questions.

Mais si l'on admet l'existence de la variation linguistique, si on admet que la langue n'est pas la même selon l'âge des gens, selon leur degré de scolarité, selon leur provenance géographique ou selon la situation de communication dans laquelle ils se trouvent (je n'ai jamais vu qui que ce soit contester cela, d'ailleurs), comment peut-on, du même souffle, affirmer qu'il y a « un français », que telle ou telle forme « n'est pas française » ?

Et si l'on admet que la langue a évolué (nous sortons ici de l'analogie avec le vert), si l'on admet qu'une forme a eu telle acception à un moment donné de l'histoire, mais qu'aujourd'hui, elle a telle autre acception, comment peut-on, objectivement, affirmer qu'il y a un « bon français » et un « mauvais français » ? Jadis, prononcer *Serge* avec un [a] était considéré comme la « bonne » manière de parler : « Aussi l'*e* est plus doux que l'*a*, mais il n'en faut pas abuser comme font plusieurs qui disent *merque* pour *marque, serge* pour *sarge* (toute la ville de Paris dit *serge*, & toute la Cour, *sarge*) […] » (Vaugelas, 1647). Sommes-nous à ce point prétentieux pour croire que la langue d'aujourd'hui est supérieure à celle de Claude Favre, seigneur de Vaugelas, grammairien du XVIIe siècle et l'un des premiers membres de l'Académie française (avec laquelle il a d'ailleurs eu des différends, car il a publié son dictionnaire avant elle) ? Ou n'est-ce pas plutôt simplement une règle sociale, un jugement arbitraire appliqué à une prononciation ? Il est mal vu socialement de prononcer *Serge* avec un [a] (et je suis certaine que tous les Serge sont heureux de me voir écrire cela), mais, en soi, objectivement, *Sarge* n'est pas plus mauvais (désolée). Si c'était le cas, *marque* au lieu de *merque* serait également mauvais, non? Pourtant, *merque* n'a pas été conservé. Il semblerait que Vaugelas ait eu assez d'influence pour se débarrasser de *merque*, mais pas de *Serge*…

C'est donc dire que les critères pour savoir si telle forme appartient à du «bon» ou à du «mauvais» français sont en fait des critères sociaux. Importants, primordiaux, essentiels. Mais sociaux. Il y a, certes, des formes qui sont plus valorisées que d'autres, plus adéquates dans les contextes formels[4]. Mais cela ne veut pas dire que ces formes sont, en soi, supérieures ou «plus françaises». Cela veut seulement dire qu'il y a un consensus voulant que ces formes soient les symboles d'un décorum social nécessaire dans certaines situations. Comme la cravate ou les escarpins.

La gestion de ces symboles incombe aux autorités langagières[5]. Ce sont elles qui doivent déterminer si telle forme fait partie du décorum ou non. Dans l'imaginaire collectif et dans le discours de certaines de ces autorités, on présente malheureusement les choses d'une autre manière. On dit généralement que le rôle des autorités langagières est de déterminer ce qui est français et ce qui ne l'est pas, voire de décider si la langue française a besoin ou non de telle ou telle forme. Un bon exemple de cette attitude par rapport au rôle des autorités langagières est la fiche de *momentum* dans la Banque de dépannage linguistique (BDL) de l'Office québécois de la langue française (OQLF) : «Il ressort qu'avec autant d'équivalents pouvant rendre la même notion, et permettant même de subtiles nuances, la langue française n'a aucun besoin de cet anglicisme.» L'OQLF, ici, se prononce non seulement sur les besoins des locuteurs québécois, mais aussi sur les besoins de la langue française dans son entier. Ce genre de commentaire passe généralement très bien dans la population en général, mais si on s'y arrête quelques instants, on peut aisément en voir le caractère problématique. Comment peut-on

---

4. J'assume complètement l'usage du mot *formel*, ici, bien qu'il soit condamné par la norme prescriptive. Le mot, dans ce sens, est considéré comme un anglicisme, et devrait être remplacé par *officiel*. Ce mot ne convient pas à mon contexte, et comme le contraire de *formel*, *informel* (dont le sens vient, selon *Le Petit Robert*, de l'anglais *informal*) est accepté, je vois mal pourquoi je m'en priverais.

5. J'utilise ici l'adjectif *langagière* plutôt que *linguistique*, car ce dernier, polysémique, peut porter à confusion : on parle ici des autorités qui se rapportent à la langue, non pas des autorités de la science de la linguistique.

trancher au sujet des besoins des locuteurs? Comment peut-on dire à des gens « vous n'avez pas besoin de cela » ? Cette attitude a peut-être été efficace au début de l'entreprise de terminologie de l'Office, dans les années soixante-dix, lorsqu'on a traduit tous les vocabulaires techniques et que beaucoup de Québécois ont appris qu'un *bumper* pouvait aussi s'appeler un *parechoc* (le mot *bumper* n'est pas disparu pour autant, soit dit en passant, il a seulement été relégué au registre familier). On pourrait donc croire que les Québécois n'avaient pas besoin du mot *bumper*. Mais juger des besoins linguistiques des locuteurs implique un contrôle sur la langue de tous les jours, une mainmise sur l'usage quotidien assez troublante dans une société telle que la nôtre. En effet, voudrait-on vraiment que l'État puisse se prononcer sur la langue quotidienne des citoyens? Voudrait-on vraiment qu'un office gouvernemental ait le rôle, le droit de régir la langue que les gens utilisent dans leur vie quotidienne? Qu'il ait le rôle de se prononcer sur les besoins linguistiques des locuteurs? Et lorsqu'il vient se prononcer sur les besoins de la langue française au complet, c'est encore plus préoccupant.

Cela dit, je m'en voudrais de critiquer systématiquement l'OQLF, qui montre une nouvelle approche depuis quelque temps, tenant beaucoup plus compte de l'usage et des registres de langue qu'il ne l'a déjà fait. On remarque plusieurs formes jadis condamnées qui sont maintenant acceptées (les formes *par le biais de* et *comme par exemple* sont des illustrations de cela). Cette nouvelle approche me donne beaucoup d'espoir. On trouve quotidiennement plusieurs nouveautés sur le site de la BDL, des changements de position, des formes autrefois condamnées qui sont aujourd'hui acceptées sur la base de l'usage québécois. Je sais, par exemple, qu'il n'y a pas si longtemps, on devait considérer les formes *ci-haut* et *ci-bas* comme des fautes. Mais ce n'est plus le cas :

> Les locutions adverbiales *ci-haut* et *ci-bas* sont parfois employées pour renvoyer à un passage, une note, une illustration, un graphique, etc., qui précède (*ci-haut*) ou qui suit (*ci-bas*) la mention de ces indications dans une page, un document ou encore un site. L'absence de ces

deux locutions dans la plupart des dictionnaires a conduit des observateurs de la langue au Québec à les condamner comme «barbarismes» ou «impropriétés», mais aujourd'hui, un réexamen de leur usage nous amène à les considérer comme des formes simplement plus rares ailleurs dans la francophonie, ce qui explique sans doute leur absence des dictionnaires. *Ci-haut* et *ci-bas* sont attestés non seulement au Québec, mais en Europe francophone, et non seulement anciennement, mais encore à l'heure actuelle (BDL, s.v., *ci-haut, ci-bas*).

Il est d'ailleurs important de noter que l'OQLF, dans sa présentation, annonce que les mots proposés pour remplacer les anglicismes sont des « solutions de rechange aux anglicismes susceptibles de poser problème aux usagers de la langue française» (BDL, s.v., *Qu'est-ce qu'un anglicisme sémantique?*). Il s'agit donc bien de propositions pour remplacer les mots qui pourraient poser problème, non pas des obligations ou des arrêts de loi. Si le traitement ponctuel de certains anglicismes peut sembler contradictoire avec cet engagement, il faudrait toutefois éviter de le perdre de vue et d'aller jusqu'à croire que ce qui est écrit dans les ressources de l'OQLF a force de loi.

Qui sait, d'ailleurs, peut-être que la fiche de *momentum* sera modifiée avant longtemps. Je l'espère.

On trouve des exemples douteux dans tous les ouvrages de référence. Par exemple, *Le Petit Robert*, qui affirme dans sa préface qu'il n'est pas un dictionnaire prescriptif, qu'il n'est pas là pour dire quelle est la bonne langue, mais bien pour décrire la langue telle qu'elle est, note, sous *moelleux* «la prononciation fautive [mwelø][6] est courante». On peut à raison s'interroger sur la pertinence du mot *fautive*, ici, dans un dictionnaire qui se veut descriptif. Je pourrais faire un livre entier sur les ratés, les illogismes, les incongruités et les contradictions des ouvrages de référence. Sans oublier les situations où ils se contredisent l'un l'autre et où le locuteur peut ne plus trop savoir sur quel pied danser. Tout cela est bien normal, me dira-t-on, puisque les

---

6. C'est de l'alphabet phonétique international. On fait ici référence à la prononciation du mot *moelleux* avec un « e » plutôt qu'un « a ».

autorités langagières sont humaines : on ne peut leur demander d'être infaillibles et absolues ! Soit. Je suis bien d'accord. Mais alors, pourquoi agit-on comme si elles l'étaient ?

Bon nombre connaissent le débat entourant l'expression *bon matin* au Québec. On croirait presque revivre la rivalité Canadiens-Nordiques. Plusieurs des personnes qui se disent contre l'expression *bon matin* utilisent la fiche de l'OQLF, qui condamne l'expression. Mais l'OQLF condamne également *week-end*. Logiquement, si on accorde de la valeur à ce que l'Office dit au sujet de *bon matin*, si on s'en sert pour justifier son argument selon lequel on ne « doit pas » dire *bon matin*, on devrait aussi condamner *week-end*. Mais je n'ai vu personne, jusqu'ici, condamner *week-end*. Au contraire, j'ai même analysé la montée de cette expression. Je me souviens qu'un de mes professeurs à l'université lorsque j'étais étudiante (en 1997, je crois) nous avait parlé du fait que cette expression allait gagner en popularité. Il nous avait dit, à l'époque, que cette forme n'était pas encore très utilisée au Québec, mais qu'il ne serait pas surpris de la voir supplanter *fin de semaine* d'ici une vingtaine d'années. Nous sommes en 2017. Il ne s'est pas complètement trompé, n'est-ce pas ?

N'y a-t-il pas dissonance cognitive, ici ? On admet, d'un côté, que les ouvrages de référence ne sont pas infaillibles, ce qui est normal, voire sain. Mais de l'autre, on se sert de leur contenu comme preuve absolue pour faire valoir un point de vue prescriptif. Une personne n'aime pas *bon matin*, elle voudrait qu'on arrête de lui dire cette expression, elle va chercher la fiche de l'OQLF pour démontrer qu'elle a raison de la condamner. Mais elle passe outre à ce que l'OQLF dit au sujet de *week-end*. Parce que *week-end* lui convient.

Le parallèle avec la religion est tentant. En anglais, on appellera *cherry picking* l'action de sélection des extraits de la Bible qui conviennent à sa propre vision. Par exemple, certaines personnes se baseront sur un extrait de la Bible pour condamner le mariage homosexuel, mais ignoreront toutes les autres parties où il est dit qu'on doit lapider les femmes qui ne sont pas vierges lors de leur mariage ou qui parlent des relations entre les maîtres et leurs esclaves. Le terme *faute* est très parlant, également. Lorsqu'on ne respecte pas les préceptes écrits dans la Bible-Dictionnaire, on commet une faute. *Mea maxima culpa*, j'ai utilisé *momentum*... On a même des gens qui prêchent la bonne nouvelle. Sur le blogue Les mots dits, de Jacques Lafontaine, sur le site du *Journal de Québec*, on apprend que :

> L'expression «au courant de la nuit (de la journée, de la semaine...)» n'existe pas. Pour dire «durant», «pendant», c'est la locution prépositive* «au cours de» qu'il faut employer. Ex. : Il neigera au cours de la nuit (et non au courant de la nuit) (Côté, 2016).

Apprenez cela, mes bien chers frères. Lorsque vous dites *au courant de la nuit*, vous utilisez une expression *qui n'existe pas.*

J'entends d'ici s'exclamer mes détracteurs : «Mais il faut bien avoir des normes, se baser sur quelque chose!» En effet. Critiquer le dictionnaire est une chose, mais critiquer l'attitude qu'on a par rapport au dictionnaire en est une autre. On ne peut pas d'un côté admettre que les ouvrages de référence ne sont pas infaillibles et, de l'autre, les utiliser comme preuve pour dire qu'une forme est mauvaise.

Il y aura toujours un écart entre ce qu'on appelle en linguistique la norme prescriptive, c'est-à-dire la norme qui prescrit ce qui est «bon» et ce qui est «mauvais» en langue, et l'usage réel, effectif, que les locuteurs font de la langue. C'est tout à fait normal, car, d'une part, la norme prescriptive ne fournirait pas à rendre compte de toutes les variations et de toutes les évolutions induites par l'usage quotidien d'une langue et, d'autre part, toutes ces variations et ces évolutions ne font pas nécessairement partie de la «bonne» langue, celle à laquelle on accorde une plus-value sociale. Mais lorsque la distance est trop grande, lorsque les ouvrages de référence décrivent une langue qui est trop éloignée de l'usage, il y a un problème. Et ce n'est pas l'usage qu'il faut blâmer, contrairement à la croyance populaire. En effet, lorsqu'on constate que l'usage ne correspond pas à la norme prescriptive, on a tendance à le critiquer, à le condamner. À dire qu'il est mauvais. Pourtant, ce n'est pas l'usage qui devrait être le reflet de la norme prescriptive, au contraire.

Car les locuteurs ont, en eux, une idée de ce qu'est la « bonne langue », cette langue adéquate dans les situations formelles. Personne n'a besoin de chercher dans le dictionnaire ou la grammaire pour identifier laquelle de ces deux phrases est la plus adéquate pour le téléjournal :

> « Y'a une série de chars qui se sont toutte rentrés d'dans à soir su'à 20. »

> « Il s'est produit un carambolage ce soir sur l'autoroute 20. »

Les spécialistes, les sociolinguistes, appellent cette connaissance *norme implicite*. Évidemment, la norme implicite varie d'un locuteur à l'autre, et change énormément selon le degré de scolarité. C'est pour cela, entre autres, que la norme est colligée dans les ouvrages de référence.

Mais même lorsqu'ils sont prescriptifs, c'est-à-dire même lorsqu'ils contiennent des prescriptions, des commentaires du type « ceci est bon », « ceci est mauvais », ces ouvrages de référence devraient, au minimum, être le reflet de la norme implicite de la majorité des locuteurs de la communauté dont ils sont issus.

Mettre l'emphase sur, suite à, au niveau de, définitivement, alternative, pathétique. Toutes ces formes sont connues et comprises par les locuteurs québécois. Lorsqu'on lit les phrases suivantes :

> La Nouvelle-Beauce met l'emphase sur le cellulaire au volant
> (En Beauce.com, 2008)

> Suite à un décès
> (Emploi et Développement social Canada)

> Ça va très bien au niveau des relations de travail
> (*Journal Métro*, 2017)

> Des cris et des pleurs… Définitivement un Dolan !
> (Clique du Plateau, 2016)

> Les Québécois cherchent des alternatives bouffe
> (*Journal de Montréal*, 16 octobre 2016)

> Deux gars se livrent la bataille la plus pathétique du monde après un cas de rage au volant
> (*Journal de Montréal*, 29 septembre 2016)

on n'a aucune peine à en comprendre le sens, et je suis certaine que beaucoup de gens les trouvent parfaitement acceptables. Pourtant, toutes ces formes sont condamnées, d'une manière ou d'une autre. Au nom de principes à logique variable, parfois même sans autre justification que «ceci n'est pas français». Et beaucoup de ceux qui maîtrisent les règles se gargarisent de leurs connaissances, comme s'ils avaient une supériorité sur les autres personnes qui mettent encore l'emphase sur quelque chose.

L'usage, pourtant, permet ces formes. Elles ne peuvent pas mettre la langue en danger. De toute façon, dans l'absolu, aucune forme ne peut mettre une langue en danger. Puisqu'elles en font déjà partie. C'est l'évolution linguistique qui les a permises. À force d'à force, ces formes sont entrées dans l'usage, et elles y sont bien installées. Nous en reparlerons.

CHAPITRE 2
PARLANT D'ÉVOLUTION LINGUISTIQUE

> «Faute de se souvenir de l'histoire, non seulement on explique mal, mais on ne peut guère déterminer l'état exact d'une langue; la notion du changement s'obscurcit, le présent apparaît sinon comme ayant toujours été, du moins comme devant toujours être (Brunot, 1909, p. 54).»

C'est en étudiant l'histoire d'une langue qu'on peut en saisir le fondement. Les «problèmes» linguistiques modernes, quand ils sont étudiés à la lumière des évolutions passées, n'apparaissent souvent plus comme des problèmes. Ils sont généralement la répétition de phénomènes déjà rencontrés, qui étaient aussi des «problèmes» à une autre époque, mais qui, aujourd'hui, font partie de la normalité. Mettre en lumière ces phénomènes récurrents peut aider à identifier les nouveaux, s'il y en a.

Au fil de mes études en histoire de la langue française, j'ai été à même d'identifier quatre grands facteurs qui agissent sur l'évolution d'une langue : l'économie linguistique, les changements dans le milieu, les contacts sociaux et les interventions humaines. Ces facteurs seront présentés ici succinctement, mais ils seront décortiqués plus en profondeur dans les prochains chapitres.

Avant tout, il importe de garder deux choses en tête : ces facteurs ne sont pas exhaustifs (en creusant, on peut forcément en trouver d'autres) et ils ne sont pas mutuellement exclusifs (on peut aisément classer un événement historique ayant influencé la langue comme appartenant à deux facteurs).

PREMIER FACTEUR D'ÉVOLUTION D'UNE LANGUE : L'ÉCONOMIE LINGUISTIQUE

L'économie linguistique est une force. Sans autres influences (des influences sociales, par exemple, ou des besoins de communication particuliers), le locuteur d'une langue tentera toujours de dire le plus de choses possible en déployant le moins d'efforts possible. Mais contrairement à ce que beaucoup de bien-pensants peuvent bien penser, il ne s'agit aucunement de paresse. C'est de l'efficacité. C'est par économie linguistique, par exemple, qu'on tend à ne pas dire le *ne* de négation. Sur le plan de la communication, en effet, ce *ne* est inutile. Une phrase, pour être comprise comme étant négative, n'a pas besoin de deux mots. Un seul suffit. Par exemple, la phrase «Elle veut pas manger de champignons» a, de fait, le même sens que «Elle ne veut pas manger de champignons». On comprend que la phrase est négative, que le *ne* soit là ou non[7].

Un autre exemple d'évolution linguistique due à l'économie : la disparition de l'imparfait du subjonctif. Ce temps verbal, manifestement trop lourd à gérer, a graduellement été remplacé par le présent du subjonctif, beaucoup plus simple (car oralement, la majorité de ses formes sont comme celles de l'indicatif). Petit à petit, le présent du subjonctif s'est vu attribuer la valeur de l'imparfait, et le tour était joué. De nos jours, «Il était nécessaire que vous parlassiez» est plutôt «Il était nécessaire que vous parliez» et personne ne crie à la déchéance pour autant.

DEUXIÈME FACTEUR D'ÉVOLUTION D'UNE LANGUE : LES CHANGEMENTS DANS LE MILIEU

Ce facteur est le plus simple, mais il peut être celui qui passe le plus inaperçu. C'est lui qui suit les évolutions de la société, les nouvelles découvertes, la disparition de certains concepts. Ce facteur est souvent perceptible dans les variations générationnelles. Les jeunes n'utilisent pas les mêmes images, ne font plus référence aux mêmes réalités que les générations qui les précèdent. Une personne dans la quarantaine pourra, aujourd'hui, parler d'une cassette pour faire référence à quelqu'un qui se répète constamment, alors qu'une personne dans la vingtaine ne le fera probablement pas. Feu ma grand-mère, née en 1920, faisait dire

---

7. Une exception à ceci : lorsqu'il y a ce qu'on appelle des semi-auxiliaires. Par exemple, les «Elle ne peut pas aimer cela» et «Elle peut ne pas aimer cela» donnent la même chose si on enlève le *ne* : «Elle peut pas aimer cela», ce qui est problématique, puisque les deux phrases n'ont pas le même sens. Le *ne*, ici, est donc important. Il s'agit cependant d'une construction relativement rare qu'on peut aisément exprimer d'une autre manière. On pourrait dire, par exemple, «Ça se peut pas qu'elle aime ça» pour la première et «Ça se peut qu'elle aime pas ça» pour la seconde. Cet exemple est intéressant, car il montre que les problèmes de confusion potentielle que crée l'économie linguistique peuvent généralement être contournés. Cela explique d'ailleurs bien des exceptions dans la langue aujourd'hui.

d'elle qu'elle était « tout l'temps d'travers dins menouères ». Cette expression était limpide pour elle, alors que pour ma génération, elle est obscure (en passant, les menoires sont apparemment les grandes perches parallèles qui servaient à atteler le cheval ou le bœuf au chariot ou à la carriole ; lorsqu'une bête était de travers dans les menoires, au sens propre, c'était qu'elle n'était pas placée correctement pour être attachée). La raison pour laquelle cette expression n'est pratiquement plus comprise actuellement est simplement que la réalité même des menoires est disparue.

TROISIÈME FACTEUR D'ÉVOLUTION D'UNE LANGUE : LES CONTACTS SOCIAUX

Les changements dans le milieu servent souvent de catalyseur aux contacts sociaux. En effet, quand on étudie l'histoire du français (et probablement de toutes les langues), on constate que le développement des moyens de communication va généralement de pair avec une certaine uniformisation. Une communauté isolée verra sa langue évoluer en vase clos, alors qu'une autre, qui a la possibilité d'entrer en contact avec d'autres communautés qui parlent une langue similaire, pourra partager des traits linguistiques avec ces autres communautés. Il y a 100 ans, les variantes linguistiques des différentes régions du Québec étaient beaucoup plus marquées qu'aujourd'hui. « L'accent » des gens de Montréal par rapport à celui des gens de Québec, par exemple, était plus perceptible. Grâce au développement de nouveaux moyens de communication, d'abord la radio, puis le cinéma, la télévision et Internet, on a assisté à une relative uniformisation. Il y a encore des différences, certes, mais elles sont beaucoup moins marquées que jadis, et il y a fort à parier que beaucoup de ces différences sont maintenues pour des raisons identitaires autant que linguistiques (personne ne fera prononcer à quelqu'un de Québec le mot *baleine* comme quelqu'un de Montréal le prononcerait… !).

Idem pour les différences entre le français parlé en France et celui parlé au Québec. Je suis certaine que bien peu de Québécois auraient compris le mot *meuf*[8] il y a 100 ans. Aujourd'hui, il

---

8. « Femme » en verlan.

est compris, voire utilisé par plusieurs. Ces gens sont probablement entrés en contact avec ce mot par les réseaux sociaux ou les chansons et ont décidé de le faire leur.

Par ailleurs, le développement des moyens de transport et des outils de communication permet aux locuteurs d'une langue d'entrer en contact avec des gens qui parlent une autre langue, ce qui ouvre la voie aux emprunts. On peut presque dater les grandes périodes historiques françaises seulement en observant les emprunts : des mots d'origine arabe à l'époque des croisades (*algèbre, jupe, matelas*), des mots d'origine amérindienne à l'époque de la colonisation de la Nouvelle-France (*caribou, toboggan*) et, évidemment, des mots d'origine anglaise après la Deuxième Guerre mondiale.

QUATRIÈME FACTEUR D'ÉVOLUTION D'UNE LANGUE : LES INTERVENTIONS HUMAINES

Les interventions humaines sont complexes, puisqu'elles peuvent toucher la langue de l'extérieur et de l'intérieur. C'est pourquoi ce facteur sera sous-divisé : les interventions extralinguistiques et les interventions intralinguistiques. La première sous-catégorie fait référence aux lois ou aux autres mesures d'aménagement linguistique créées par les autorités en place afin d'intervenir sur la langue. Mais ces interventions ne touchent pas la langue en tant que telle, elles ne jouent pas sur sa structure, elles ne se prononcent pas sur le fait que tel ou tel mot soit acceptable ou non. Ces interventions jouent sur la langue à partir de l'extérieur. Ce sont les lois qui font que telle langue doit être utilisée dans tel contexte, que telle langue est langue officielle, que telles personnes ont le droit d'être scolarisées dans telle langue. L'exemple le plus évident est sans contredit la loi 101. Cette loi, en faisant du français la langue officielle du Québec et en protégeant les droits des francophones, a permis à la langue française une évolution qui lui aurait été bien difficile autrement.

L'intervention intralinguistique renvoie aux arrêts des autorités langagières qui décident, consciemment, de créer de nouveaux mots pour en remplacer d'autres jugés fautifs. Le fait de juger fautif certains mots est d'ailleurs également une intervention. La création du mot *courriel* pour remplacer *e-mail* est un exemple probant. Il faut par contre garder en tête que ces interventions intralinguistiques ne seront efficaces que si elles sont acceptées par les locuteurs, témoins les *chien-chaud, hambourgeois* et autres *gaminet*, qui sont tous des tentatives infructueuses.

CHAPITRE 3
UN FACTEUR D'ÉVOLUTION : L'ÉCONOMIE LINGUISTIQUE

L'économie linguistique a joué un très grand rôle dans l'évolution du français. En effet, c'est essentiellement cette seule force qui est à l'origine du passage du latin vers le français. Un des meilleurs exemples pour l'illustrer est la position de l'accent en français.

Expliquons d'abord ce qu'est l'accent. Il s'agit de la mise en relief d'une syllabe par rapport aux autres syllabes d'un mot. Par exemple, lorsque, dans le premier *Harry Potter*, Ron tente de faire léviter une plume grâce à la formule *Wingardium Leviosa*, Hermione le reprend en lui disant qu'il ne met pas l'accent à la bonne place :

> « *"Wingardium Leviosa!" he shouted, waving his long arms like a windmill. "You're saying it wrong," Harry heard Hermione snap. "It's Wing-gar-dium Levi-o-sa, make the 'gar' nice and long."* » (Rowling, 2000, p. 127).

Voilà. Hermione a expliqué l'accent, dont la position semble être très importante en magie. Ron mettait son accent sur la mauvaise syllabe, ce qui rendait la formule inopérante.

Contrairement à ce qui se passe dans les formules magiques du monde d'Harry Potter, la position de l'accent n'est pas distinctive en français. En effet, que je prononce le mot *encore* en mettant l'accent sur la première syllabe ['ɑ̃koʁ] ou sur la deuxième syllabe [ɑ̃'koʁ] (donc, quelque chose comme ENcore par rapport à enCORE), le mot veut toujours dire « de nouveau ». Pour mieux comprendre, comparons avec l'italien. En italien, si je prononce le mot *ancora* en mettant l'accent sur la première syllabe, le mot veut dire « ancre », et si je le prononce en mettant l'accent sur la deuxième syllabe, le mot veut dire « encore ». C'est donc dire qu'en italien, la position de l'accent est distinctive. On parlera alors d'*accent libre*, puisque sa position varie d'un mot à l'autre, par rapport à un *accent fixe*. Comme en français.

Mais le fait que la position de l'accent en français ne soit pas distinctive ne veut pas dire que les francophones ne mettent pas d'accent sur leurs mots. Bien au contraire. Habituellement, l'accent en français se situe sur la dernière syllabe. Peu de francophones en sont vraiment conscients, mais c'est ce qu'on enseigne aux non-francophones qui apprennent le français et qui parlent une langue dont la position de l'accent est distinctive.

En latin et dans les autres langues romanes (l'italien, l'espagnol, le portugais, etc.), l'accent est distinctif : sa position est importante pour le sens du mot. Le français est donc différent des autres langues romanes à ce sujet. Et la raison s'explique par l'économie linguistique. Les locuteurs du protofrançais ont graduellement cessé de prononcer les syllabes qui suivaient l'accent du mot latin, ou les ont transformées. C'est ce qui explique pourquoi l'accent, en français, est sur la dernière syllabe. En fait, l'accent latin n'a pas bougé. Ce sont seulement les syllabes qui le suivaient qui ont disparu.

latin	français
fabula (accent sur *fa*)	*fable* (accent sur *fa* ; oralement, il s'agit d'une seule syllabe : [fabl])
drappus (accent sur le *dra*)	*drap*
fides (accent sur *fi*)	*foi* (il y a eu ici évidemment d'autres phénomènes phonétiques en jeu)

C'est par économie linguistique que les locuteurs du protofrançais ont (bien inconsciemment) transformé leur langue de la sorte. La syllabe accentuée, prononcée avec force, a fait perdre l'importance aux syllabes qui suivaient, qui ont probablement graduellement été chuchotées, puis transformées, jusqu'à disparaître complètement pour certaines d'entre elles.

Le latin, comme plusieurs le savent, est ce qu'on appelle une langue à cas. Le cas, dans une langue, est la fonction syntaxique d'un mot (son rôle dans la phrase). Une langue à cas, donc, verra la fonction syntaxique incluse à l'intérieur même des mots. La fonction syntaxique du mot n'est pas déterminée par sa position, comme en français moderne, mais bien par sa forme. En français, par exemple, dans la phrase « Pierre frappe Paul », c'est la position du mot *Pierre* et du mot *Paul* par rapport au verbe qui indique qui frappe et qui est frappé (le sujet et l'objet). C'est le fait que *Pierre* soit placé devant le verbe qui nous informe que c'est lui qui fait l'action de *frapper*, et le fait que *Paul* soit placé après qui nous informe que c'est lui qui en subit les conséquences. Si on déplace les mots en « Paul frappe Pierre », on a complètement une autre phrase. En latin, la position du mot dans la phrase n'a pas d'importance. « Petrus ferit Paulum » et « Paulum ferit Petrus » veulent toutes deux dire la même chose : « Pierre frappe Paul ». Petrus, se terminant en *-us*, est au nominatif (la position sujet) et Paulum, se terminant en *-um*, est à l'accusatif (la position objet). On pourrait même, à la limite, avoir « Petrus Paulum ferit » ou « Ferit Paulum Petrus », et la phrase aurait toujours le même sens. En latin, donc, ce n'est pas la position du mot dans la phrase qui en donne le rôle, mais bien sa terminaison. C'est pour cela que, pour connaître le latin, il faut apprendre les déclinaisons ; c'est comme ça qu'on appelle le système des langues à cas (*rosa*, *rosa*, *rosam*, etc.). C'est toujours le même mot, mais avec une différente fonction grammaticale (sujet, objet, complément d'agent, etc.).

Tous ceux qui ont déjà fait du latin vous le diront : le système de déclinaisons de cette langue est très difficile à maîtriser, surtout pour ceux dont la langue maternelle fonctionne différemment. Pensons-y : la forme des mots change selon leur fonction syntaxique. C'est donc dire qu'il faut être assez doué en analyse grammaticale pour être latinophone (c'est d'ailleurs une des raisons pour lesquelles je milite pour le retour de l'étude du latin à l'école !).

Ce qui m'amène à un autre exemple d'économie linguistique issu du temps jadis (mais un peu moins) : le passage de l'ancien français au moyen français. Dans ce passage, la majorité des cas sont disparus. En effet, en ancien français, il ne reste plus que deux cas : le cas sujet et le cas régime (qui est celui de l'objet), qui sont notés par la présence ou l'absence d'un *-s*. Le tableau suivant montre la déclinaison du mot *mur* en ancien français (avec les articles correspondants) :

	Singulier	Pluriel
Cas sujet	li murs	li mur
Cas régime	le mur	les murs

Quand le mot *mur* est en position sujet, il se dit « li murs » (le s est prononcé) lorsqu'il est singulier et « li mur » lorsqu'il est pluriel. Quand il est en position objet, c'est « le mur » au singulier et « les murs » au pluriel (il n'est pas très difficile de voir que c'est la forme du cas régime que le français a conservée...).

C'est donc dire qu'en ancien français, comme en latin, la position du mot remplissant le rôle du sujet n'a pas d'importance, puisque sa forme change (ce qui peut rendre la lecture de l'ancien français assez ardue pour les locuteurs modernes). Mais ce changement est bien fragile : seuls le *s* final et l'article permettent de connaître le rôle syntaxique des mots. Et on ne peut pas compter sur l'article lorsque le sujet est le prénom d'une personne. Arriva donc ce qui devait arriver : graduellement, la tendance à ne plus prononcer les consonnes finales, bien attestée en ancien français et issue de l'économie linguistique, a envahi également le -*s*. On pourrait croire que cela a entraîné un problème de taille. En effet, comment les gens ont-ils fait pour se comprendre s'ils ne produisaient plus la marque qui permettait de distinguer le sujet de l'objet ? Il devait y avoir des problèmes énormes ! Quelle catastrophe !

Eh bien non. C'est qu'il faut comprendre une chose primordiale : la langue n'est pas un objet statique qui cesse soudainement de fonctionner si on l'altère. Lorsqu'un problème survient, des solutions surviennent. On ne peut plus distinguer le sujet de l'objet grâce au -*s* final ? Qu'à cela ne tienne ! Modifions la structure syntaxique de la phrase et faisons en sorte que ce soit maintenant la position du mot qui donne la fonction, et non sa forme. Et c'est de là que vient la structure SVO (sujet-verbe-objet) du français. Maintenant, c'est le mot qui vient avant le verbe qui a la position sujet, et celui qui vient après qui a la position objet (sauf dans certains cas d'artifices syntaxiques). Fondamentalement, ce qui s'est passé, c'est que le cas sujet a complètement disparu.

Il en reste bien quelques petits résidus par-ci par-là, comme le -*s* qu'on trouve dans certains prénoms masculins (Charles, Yves, Georges), mais c'est à peu près tout. Ce -*s*, d'ailleurs, n'est qu'une décoration : il n'est pas prononcé.

C'est donc dire que la structure syntaxique du français, la base même de la langue, tire son origine de l'économie linguistique. Heureusement pour nous, à cette époque, il ne semble pas y avoir eu qui que ce soit pour crier au nivellement par le bas. Personne ne semble s'être insurgé assez fort pour bloquer cette manie des jeunes de ne plus prononcer le -*s* du cas sujet et de jouer avec la position des mots dans la phrase. Non. Aujourd'hui, même, quand on fait de l'histoire de la langue française, on note un changement de période : l'ancien français est devenu du moyen français à partir du moment où le cas sujet est disparu.

Il ne faut pas penser que ces phénomènes sont arrivés du jour au lendemain. Personne ne s'est réveillé un matin et a déclaré qu'à partir de maintenant, il ne ferait plus les syllabes qui suivent l'accent ou qu'il arrêterait de prononcer le -*s* final. Ce genre de phénomène est complètement inconscient et se produit graduellement, sur de longues périodes de temps. Il est difficile, justement, d'avoir une idée nette du temps que peuvent prendre de tels changements linguistiques, car ils sont complètement inconscients et, en plus, nous n'avons que des traces écrites des résultats. Mais quand on y pense quelques instants, on peut comprendre l'idée. Se rappelle-t-on, aujourd'hui, du moment où on a cessé d'utiliser le passé simple dans les communications quotidiennes ? Se rappelle-t-on quand on a arrêté d'utiliser *ne… point, ne… goutte* pour exprimer la négation («je ne sais point», «on n'y voit goutte»)? Pourtant, ce sont des formes attestées dans l'histoire de la langue, et qui ne le sont plus aujourd'hui. Elles ont disparu, graduellement, remplacées par des formes plus économiques : le passé composé a gagné presque tous les emplois du passé simple (sauf pour les histoires, où ce dernier est d'ailleurs encore utilisé) et *ne… pas* (avec la disparition du *ne* en cours) a carrément remplacé les autres formes, qui n'étaient probablement pas utiles à la communication.

Il y a des dizaines d'autres traits du français moderne, acceptés et faisant partie des formes canoniques du «bon français», qui sont issus de l'économie linguistique. Comme ils ont eu lieu graduellement et il y a longtemps, on les accepte aujourd'hui, comme s'ils avaient toujours été là. Pourtant, on refuse souvent les manifestations de l'économie linguistique qui sont en cours. On reproche aux jeunes de raccourcir des mots, de régulariser des exceptions, de ne plus maîtriser les expressions imagées dont les images sont disparues. Pourtant, tous ces phénomènes ont déjà eu lieu, à de nombreuses reprises, au cours de l'histoire de la langue. Qui sommes-nous, aujourd'hui, pour croire que l'état de langue actuel est la perfection, et que tout changement ou toute simplification est nécessairement une dégradation? Il suffit de penser aux débats virulents entourant l'orthographe rectifiée qui a osé enlever le «i» d'*oignon* et certains accents circonflexes. Le dossier a refait surface récemment lorsque cette orthographe (quand même proposée depuis 1990) a été suggérée en France. Certains ont même créé le mot-clic #JeSuisAccentCirconflexe sur Twitter. Lorsqu'on pense que l'accent circonflexe a été introduit pour remplacer le «s» muet des voyelles longues (*île* était jadis écrit *isle* et *tête*, *teste*), «s» qu'on avait cessé de prononcer depuis belle lurette grâce à l'économie linguistique, ces montées aux barricades ont de quoi faire sourire. Car, sérieusement, en quoi les simplifications de jadis seraient-elles plus pertinentes et acceptables que celles d'aujourd'hui?

L'économie linguistique est une des forces qui ont fait du français ce qu'il est. Si le français est la langue romane qui ressemble le moins au latin, c'est que, durant son histoire, il y a eu une longue période (approximativement entre l'invasion des Francs au Ve siècle et la réforme carolingienne au VIIIe siècle) durant laquelle pratiquement rien n'a bloqué l'économie linguistique.

Au Ve siècle, il y a eu ce qu'on a appelé les invasions barbares. Plusieurs peuples germaniques ont alors investi l'ancienne Gaule, mais ce sont les Francs qui s'y sont installés en permanence. Les Francs, parlant une langue germanique à tradition orale, se sont graduellement latinisés (c'est un cas du superstrat : lorsque les vainqueurs apprennent la langue des vaincus et y laissent des traces[9]). Mais cette latinisation ne s'est pas faite du jour au lendemain, évidemment, et la dernière strate de la hiérarchie sociale à l'avoir subie est la classe supérieure. Pendant très longtemps, donc, l'élite parlait une langue germanique alors que le peuple parlait une langue latine. Cette langue latine, privée de l'apport normatif que fournit généralement l'aristocratie, a donc évolué complètement librement pendant plusieurs générations. C'est un peu comme si, aujourd'hui, on prenait tous les gens qu'on connaît qui ne maîtrisent pas les règles canoniques du français soigné, et qu'on les mettait en charge du maintien de la langue pendant plusieurs générations. Beaucoup de choses changeraient et beaucoup de froufrous inutiles disparaîtraient, j'en suis certaine!

C'est Charlemagne qui, en introduisant le latin chez les ecclésiastiques (on raconte que les prêtres ne maîtrisaient tellement pas le latin qu'il y aurait même eu un mariage béni au nom du père et de la fille[10]...!), a permis un contact plus fort avec la latinité, ce qui a un peu freiné les ardeurs économiques de la population. Mais il y avait déjà eu de vastes et profonds changements.

En somme, on peut dire que c'est l'économie linguistique qui a orchestré le passage du latin vers le français, et qui a construit la structure syntaxique française. Rien de moins. C'est donc dire que refuser l'économie linguistique aujourd'hui, c'est refuser le principal moteur de la création du français.

---

9. Comme le mot *franc* qui, en plus de servir à nommer le peuple, veut également dire « ferme, loyal, etc. ». On ne se mouchait pas du coude à l'époque…

10. J'ignore si cette anecdote est véridique, mais je la trouve très drôle quand même.

CHAPITRE 4
UN FACTEUR D'ÉVOLUTION : LES CHANGEMENTS DANS LE MILIEU

Quand on analyse l'histoire de la langue française (et l'histoire des autres langues également), on s'aperçoit que le développement des moyens de communication est lié de très près à l'évolution linguistique. Ce n'est pas difficile à comprendre : plus les locuteurs sont en contact les uns avec les autres, plus leurs langues tendent à se ressembler et moins les différences entre ces dernières sont marquées. Les différences entre le français parlé à Montréal et celui parlé à Québec étaient beaucoup plus prononcées il y a 100 ans qu'aujourd'hui. Cet état de choses est dû, en grande partie, au développement des routes et des moyens de télécommunications, qui ont permis aux locuteurs des deux communautés non seulement de se parler, mais aussi d'entendre chacune des variétés de langue.

Qui dit influence du milieu sur la langue dit dialectes. D'entrée de jeu, il importe de dire que la notion de dialecte est un peu la bête noire des linguistes. Il est très difficile de déterminer la frontière entre une langue et un dialecte, car les critères qui permettent de le faire sont avant tout sociopolitiques et non linguistiques. La fameuse phrase attribuée au sociolinguiste Max Weinreich selon laquelle une langue est un dialecte qui a une armée et une marine, si elle est relativement simpliste, n'est quand même pas loin de la réalité.

Mais le développement même des dialectes est dû à des conditions extérieures, et c'est cela qui nous intéresse.

Imaginons une petite communauté qui n'aurait pratiquement aucun contact avec le monde extérieur. Disons qu'il y a eu un glissement de terrain, qu'on est dans un futur dystopique et que, donc, personne ne peut venir. Cette communauté habite le village de Saint-Eustorge. Disons que le maire de Saint-Eustorge est d'origine belge et qu'il ne dit pas *soixante-dix*, mais bien *septante*. Ce maire est très aimé, il fait de grandes choses pour sa communauté. Graduellement, les gens commencent eux aussi à dire *septante*. À un moment donné, les jeunes se mettent à prononcer tous les « e », qu'ils soient caducs ou muets. Ils disent *médEcin, samEdi, écolE*, etc. C'est un style qu'ils se donnent. Mais ce style a tellement de succès qu'il devient, petit à petit, la norme de prononciation de Saint-Eustorge.

Il y a des dizaines de petites modifications de la sorte qui ont lieu au fil du temps dans la langue de Saint-Eustorge, et comme les locuteurs sont coupés du reste du monde, ils n'ont pas d'apport extérieur pour les bloquer. Après 50 ans, les habitants de Saint-Eustorge parlent donc le dialecte eustorgeois.

Ce qui s'est passé avec les langues romanes n'est pas très éloigné de ce scénario. À l'époque des conquêtes romaines, le latin a été imposé sur une grande partie du territoire européen actuel. Le français, l'espagnol, l'italien, le portugais, l'occitan, le catalan (et bien d'autres), avant que les dirigeants des différentes nations décident d'imposer une langue nationale, n'étaient alors qu'un long continuum dialectal. Pour illustrer ce continuum, j'ai trouvé que la meilleure image était celle de la roue des couleurs.

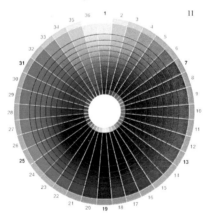

Pour les besoins de la démonstration, nous dirons que chaque numéro représente un village, et que chaque village parle un dialecte différent. Prenons les numéros 25 à 31 : le 25 ressemble au 26, qui ressemble au 27, qui ressemble au 28, qui ressemble au

---

11. http://camillesemaquille.blogspot.ca/2011/01/message-12.html

29, qui ressemble au 30, qui ressemble au 31. Mais 25 ne ressemble pas à 31. En termes linguistiques, on pourrait dire que chaque village a apporté un petit changement dans sa langue, qui ne l'a pas rendue si différente de celle du village voisin, mais qui, lorsqu'elle est comparée à celle des villages plus éloignés, représente un grand changement. Le numéro 25 et le numéro 31 sont manifestement deux couleurs différentes. Ces dialectes appartiendraient donc, vraisemblablement, à deux langues distinctes. Mais qu'en est-il des numéros 27, 28 et 29 ? Si on avait à classer ces « couleurs-dialectes », où les mettrait-on ? Le numéro 28 est-il bleu ou vert ? Il est bleu-vert, me répondrez-vous. Mais vous ne pouvez pas faire cela. Vous ne pouvez pas dire que le numéro 28 est italien-espagnol. Vous devez trancher. Et les critères qui vous permettront de trancher n'auront rien à voir avec les couleurs elles-mêmes. Vous pourriez vous dire, par exemple, que vous désirez que chaque couleur ait un nombre similaire de composantes. Ce critère est complètement extérieur à la composition des couleurs.

Il en est de même pour les langues. À un moment donné de l'histoire, les chefs d'État des différents pays ont décidé de valoriser (ou d'imposer) une forme linguistique standard. Comme les numéros 29, 30, 31, 32 et 33 sont à l'intérieur des frontières du pays appelé Vert, les habitants qui parlent ces numéros sont maintenant réputés parler le vert. Leur identité et leur sentiment d'appartenance sont bâtis à partir du vert. Même si les gens qui parlent le numéro 29 (qui habitent le Vert) comprennent très bien ceux qui parlent le numéro 28 (qui habitent le Bleu), dans leur imaginaire, ces deux groupes ne parlent pas la même langue.

Le continuum roman qui s'étendait de la Belgique à la Sicile s'est trouvé largement interrompu par l'instauration, à partir du centre de chacun des pays de cette aire linguistique jusqu'à leurs frontières politiques, de langues standards non compréhensibles entre elles. On peut cependant trouver des cas de continuum dialectal dans l'espace qui se trouve à cheval sur des frontières entre langues : c'est le cas entre l'occitan et le catalan, le galicien et le portugais, le bas allemand et le néerlandais, le danois, le norvégien et le suédois. Ces variétés fusionnent imperceptiblement, mais en dépit du fort degré de compréhension réciproque, les communautés qui les parlent insistent fréquemment sur le fait qu'elles parlent des «langues différentes». Si pour le linguiste qui analyse la structure interne des variétés en question, le fait de savoir si le portugais et le galicien sont des langues différentes ou des dialectes d'une même langue n'a pas d'importance, il n'en va pas de même pour les locuteurs de ces variétés de langue, aux yeux desquels il s'agit d'une question cruciale (Lodge, 1997, p. 32).

Si l'on peut classer l'imposition des langues standards dans la catégorie des interventions humaines (auxquelles nous reviendrons), on peut tout de même analyser le phénomène des dialectes, ou plutôt celui de l'estompement des différences entre les dialectes, dans celle des changements dans le milieu. Car même si une puissance impose une langue standard, il y a une limite à la diffusion de cette langue si les moyens de communication sont déficients et si les gens ne savent ni lire ni écrire. Lorsque les routes se sont développées, lorsque les lettres ont mis moins de temps à se rendre d'un village à l'autre, lorsque les voyageurs ont pu voyager plus facilement, les différences entre les dialectes ont été moindres. Évidemment, il y aura toujours une variation diatopique (c'est comme ça qu'on appelle la variation selon le lieu), mais les changements qu'a amenés le développement des outils de communication sont quand même tangibles.

CHAPITRE 5
UN FACTEUR D'ÉVOLUTION : LES CONTACTS SOCIAUX

On mesure peu aujourd'hui l'influence qu'a eue l'italien sur le français. Pourtant, à une certaine époque, l'italien a joué un rôle similaire à celui de l'anglais aujourd'hui. Non pas un rôle de *lingua franca*[12] (car ce rôle était occupé par le latin), mais bien un rôle de langue à la mode.

Au XVIe siècle, la France, qui s'était lancée dans un conflit contre les Italiens, revient défaite, mais pas bredouille. Le contact avec la Renaissance italienne avait fait son œuvre. L'ost français, parti conquérir, est revenu transformé en armée au contact de la langue italienne (le mot *armée* a en effet remplacé *ost*, à cette époque, sous l'influence de l'italien *armata*).

> Lorsque Louis XII lance les campagnes d'Italie au début du siècle, il n'a sans doute pas conscience de faire entrer, pour une partie de la population inquiète de sa «francité», un véritable cheval de Troie porteur de déstabilisation identitaire. Aux plans culturels et économiques, l'apport de ces guerres d'Italie fut immense. Sur plusieurs décennies, par vagues successives, ce sont des ateliers entiers d'artistes qui arrivent en France. On connaît les individualités de prestige que furent Léonard, Primatrice ou Rosso, mais il faut compter aussi avec tous les corps de métier que la venue des créateurs sur les chantiers impliquait (Rey et al. 2007, p. 528).

Cette vague de créateurs, dont le savoir-faire et le raffinement tranchaient avec l'esprit de la cour française, a été accompagnée d'une vague lexicale sans précédent. Disons-le franchement : pour être de son temps, à l'époque, on se devait de parsemer son discours de mots italiens. Les commentateurs d'aujourd'hui caractériseraient probablement cette langue de fritalien.

La situation a été catalysée par le mariage et la régence de Catherine de Médicis. La cour, à l'époque, était fortement italianisée, et les courtisans, pour être dans les bonnes grâces

---

12. La *lingua franca* est la langue véhiculaire, la langue que les gens de langues maternelles différentes utilisent pour communiquer entre eux.

de leur maîtresse, adoptaient rapidement ses usages. Il semble-rait même que l'italien ait représenté un certain féminisme (si ce concept pouvait s'appliquer à l'époque). En effet, le latin étant l'apanage des hommes, les femmes lettrées se seraient tournées vers l'italien, afin de marquer leur particularité : «l'italien devient une sorte de "contre-latin" à usage interne auprès d'une communauté féminine qui cultive sa différence» (Rey et al. 2007, p. 530).

On a encore aujourd'hui, en français, des traces de cet engoue-ment. Les mots *altesse* (1560), *arlequin* (1557), *bagatelle* (1547), *bambin* (1575), *caprice* (1558), *esquisse* (1567), *idylle* (1555) et *sourdine* (1568) en sont de bons exemples[13]. Il y a même des mots français qui ont été carrément remplacés par des mots italiens : *grenons* a, par exemple, été remplacé par *moustache* et *soudart* par *soldat*. Il y a fort à parier que les commentateurs modernes qualifieraient ces emprunts d'«inutiles», puisque le mot français existait déjà.

Mais l'italien n'a pas eu qu'une influence lexicale. La conscience et la réflexion métalinguistiques ont aussi bénéficié de l'apport italique. À l'époque, on commence à se distancer du latin (avec l'ordonnance de Villers-Cotterêts en 1539). C'est à cette époque que les Français sont entrés en contact, entre autres, avec les œuvres de Dante et qu'ils ont pu s'abreuver de ses réflexions sur l'éloquence en langue vulgaire. L'ouvrage français par excel-lence à ce sujet, *Deffence et Illustration de la langue françoyse*, de Joachim du Bellay (1549), dans lequel l'auteur démontre comment le français a autant de dignité que le grec ou le latin, s'inspire de textes italiens parus auparavant.

> En d'autres termes, les penseurs français de la littérature et de la langue, au XVIᵉ siècle, avaient conscience qu'une grande partie des problèmes qu'ils abordaient avaient déjà largement été traités en Italie quelques décennies plus tôt [et même avant] (Rey et al. 2007, p. 529-530).

---

13. Il faut se rappeler que les dates d'attestation sont les dates des documents les plus anciens dans lesquels on a retrouvé les mots à l'écrit. Évidemment, ces mots devaient déjà être présents à l'oral avant d'apparaître dans les textes.

Mais il ne faudrait pas croire que cette influence italienne a été vue d'un œil favorable par tous. En effet, plusieurs lettrés voyaient cette italianisation du français comme une menace. Le plus virulent d'entre eux est sans contredit Henri Estienne qui, en 1579, a publié *Deux Dialogues du nouveau langage françois italianizé et autrement déguizé, principalement entre les courtisans de ce temps*. Il s'agit en gros d'un dialogue entre un courtisan et un autre personnage (dans lequel on peut reconnaître Estienne lui-même). Le courtisan, « Jan Franchet, dict Philausone, gentil-homme courtisanopolitois », parle un fritalien caricatural.

Dans sa démonstration, Estienne soutient que le français a plus de gravité (il semblerait que les mots français soient plus « virils »), plus de grâce et plus de richesse que l'italien. Il va même jusqu'à inventer de fausses étymologies françaises à certains mots italiens :

> Henri Estienne s'efforce de montrer que l'italien doit beau-coup de sa richesse lexicale et phraséologique au français. La démonstration n'est pas un parangon de méthodologie rigoureuse, ni d'objectivité factuelle : sans arrière-pensée, Estienne qualifie des mots italiens comme *rimembrare, riparare, calere, orgoglio, solazzo*, voire *bianco, testa* et *bisogno* comme des emprunts au français. L'auteur se laisse emporter par son zèle patriotique, de telle sorte qu'il en vient à négliger complètement l'histoire des langues et civilisations européennes au profit d'une tentative faussée de comparaison linguistique (Swiggers, 2009, p. 73-74).

Cette attitude n'est pas sans rappeler celle de certains penseurs actuels qui, pour justifier la condamnation de formes qu'ils jugent inappropriées, inventent sans vergogne des origines anglaises et qualifient « d'anglicismes » des traits du français populaire attestés depuis longtemps. Nous y reviendrons.

Aujourd'hui, si on la compare à celle de la Renaissance, l'influence italienne sur la langue française est quasi nulle. Sauf dans les domaines du café, des charcuteries et des pâtes, on ne peut pas dire que la langue italienne joue un grand rôle dans l'évolution du français de nos jours. Et les mots d'origine italienne, qui ont été décriés par Estienne et les autres penseurs de l'époque, sont maintenant tellement intégrés à la langue qu'on ne les perçoit plus comme des emprunts, mais comme des mots français. Il est vrai que ça fait longtemps.

Mais si aujourd'hui, on peut amener l'argument que l'anglais n'a pas du tout la même position que l'italien de l'époque, étant donné les moyens de communication dont on dispose[14], on peut aussi amener celui que la Renaissance était l'époque de la prise de position en faveur du français devant le latin. C'est donc à cette époque qu'on a construit, élaboré et diffusé, par le biais des édits et de la littérature, une grande partie des structures et du lexique de la langue française. C'est à cette période que la conscience linguistique francophone a commencé à se développer. De langue vulgaire, le français est passé, à la Renaissance, à langue dont on prend la défense et dont on fait l'illustration. Certains diraient que le français était à son adolescence. Si le contact avec une autre langue est à ce point dangereux, on pourrait donc penser que le danger était bien réel à l'époque, puisque le français était en pleine période d'autodétermination. Pourtant, il s'en est bien tiré, et ce français du XVIe siècle a mené à celui du XVIIe, celui de l'Académie française et du Roi Soleil. Pas mal, pour un *françois italianizé et autrement déguizé*, n'est-ce pas ?

---

14. Les moyens de communication se sont développés considérablement à la Renaissance, mais ils ne sont en rien comparables à ceux d'aujourd'hui, où un paysan lyonnais peut converser avec une coiffeuse australienne dans le confort de son salon.

CHAPITRE 6
UN FACTEUR D'ÉVOLUTION : LES INTERVENTIONS HUMAINES

INTERVENTIONS INTRALINGUISTIQUES

En 1539, François Ier promulgua l'ordonnance de Villers-Cotterêts. L'article qui nous intéresse est le 111 :

> 111. Nous voulons que doresenavant tous arretz ensemble toutes aultres procedeures, soient de nous cours souveraines ou aultres subalternes et inferieures, soient de registres, enquestes, contractz, commisions, sentences, testamens et aultres quelzconques actes et exploictz de justice ou qui en dependent, soient prononcez, enregistrez et delivrez aux parties en langage maternel francoys et non aultrement (Villers-Cotterêts).

En gros, ce que cet article dit, c'est qu'à partir de ce moment, tous les documents émanant de l'administration de l'État devaient être écrits en français et non en latin. Il faut comprendre que le français, à l'époque, était encore considéré comme une langue « vulgaire », et était perçu comme une langue issue de la tour de Babel, donc inapte à transmettre des informations importantes. François Ier, en 1539, a donc véritablement établi le français comme langue officielle.

L'ordonnance est le résultat d'une constatation qui aurait pu sembler troublante pour certains puristes : à l'époque, la majorité de la population à qui s'adressaient les textes et les édits administratifs ne comprenait plus le latin. Pire, la majorité des gens responsables de rédiger ces textes et ces édits n'étaient plus capables de le faire en latin. Depuis quelque temps déjà, le français commençait à gagner du terrain sur le latin, à s'établir comme langue légitime. Cette situation, qui a été catalysée par l'ordonnance, a créé un grand besoin lexical : plusieurs réalités, jusqu'ici nommées qu'en latin, devaient être nommées en français. Cela a donné lieu au phénomène des doublets.

On appellera *doublet* une paire de mots qui ont le même étymon (qui viennent du même mot latin), mais qui n'ont pas tout à fait le même sens ni la même forme. Habituellement, il y a un mot qu'on dit *populaire*, car il vient du fonds primitif et qu'il a subi toutes les étapes de l'évolution phonétique dans le passage du latin vers le français, et un autre qu'on dit *savant*, qui ressemble beaucoup plus à l'étymon latin, car il a été introduit volontairement dans la langue pour nommer une réalité pour laquelle il n'y avait pas de mot français. Le tableau suivant donne quelques exemples de doublets :

Étymon latin	Mot populaire	Mot savant
auscultare	*écouter*	*ausculter*
fragilis	*frêle*	*fragile*
masticare	*mâcher*	*mastiquer*
hospitalem	*hôtel*	*hôpital*

Le phénomène des doublets est un excellent exemple d'intervention humaine intralinguistique : les locuteurs ont créé des mots pour remplir leurs besoins lexicaux. C'est une action consciente et préméditée.

INTERVENTIONS EXTRALINGUISTIQUES

Parmi les plus notables interventions humaines extralinguistiques qui aient influencé durablement la langue française, il y a sans contredit les mesures prises après la Révolution française. À cette époque, le territoire français montrait une très grande variation linguistique : ce n'étaient pas tous les Français qui parlaient français. Je ne m'attarderai pas encore sur ce qui distingue une langue d'un dialecte. Je me contenterai de dire que les autorités révolutionnaires se sont trouvées devant un beau dilemme : comment faire comprendre « liberté, égalité, fraternité » à tout le peuple français si ce peuple ne parle pas la même langue ?

On a bien essayé, au début, de traduire les documents officiels dans chacun des dialectes, mais cette entreprise s'est rapidement avérée impossible tant sur le plan logistique (comment trouver des traducteurs compétents dans chacun des dialectes, dont certains n'étaient même pas écrits ?) que pécuniaire (comment payer ces traducteurs ?). On a rapidement abandonné le projet.

Bien qu'étant imprégnés d'idées révolutionnaires, les gens qui se sont retrouvés à occuper des positions décisionnelles après 1789 étaient tous lettrés et formés dans les meilleurs collèges de l'époque. Contrairement au peuple qu'ils disaient représenter, donc, ils maîtrisaient parfaitement le français. Il a donc été facile pour eux de prendre la décision de faire du français la langue nationale. Aujourd'hui, on peut trouver un peu ironique que ces gens qui affirmaient souhaiter libérer le peuple aient choisi justement comme langue officielle celle de la classe qui l'opprimait. Mais il faut tout de même admettre que sur le plan pratique, ce choix allait de soi : il y avait déjà une bonne réflexion de faite sur le français, on n'avait pas besoin de réinventer la roue.

Il fallait donc trouver le moyen de faire coïncider les idées révolutionnaires avec l'imposition du français. Je donnerai la parole à Bertrand Barère de Vieuzac, membre du Comité de salut public, qui, dans un discours du 8 pluviôse an II (27 janvier 1794), a su illustrer la manière de voir la langue qui deviendrait maintenant celle de la France :

> Ces puériles distinctions [de classe] ont disparu avec les grimaces des courtisans ridicules et les hochets d'une cour perverse. L'orgueil même de l'accent plus ou moins pur ou sonore n'existe plus, depuis que des citoyens rassemblés de toutes les parties de la République ont exprimé dans les assemblées nationales leurs vœux pour la liberté et leurs pensées pour la législation commune. Auparavant, c'étaient des esclaves brillants de diverses nuances ; ils se disputaient la primauté de mode et de langage. Les hommes libres se ressemblent tous ; et l'accent vigoureux de la liberté et de l'égalité est le même, soit qu'il sorte de la bouche d'un habitant des Alpes ou des Vosges, des Pyrénées ou du Cantal, du Mont-Blanc ou du Mont-Terrible, soit qu'il devienne l'expression des hommes dans des contrées centrales, dans des contrées maritimes ou sur les frontières (Rapport Barère).

J'attire l'attention sur cette idée que «l'accent» de la liberté est le même partout. Cet extrait, malgré son lyrisme qui pourrait lui enlever de la pertinence aujourd'hui, est de grande conséquence.

En effet, Barère affirme que l'un des symboles de la liberté est d'avoir le même accent partout. C'est donc dire que la variation linguistique est perçue comme contre-révolutionnaire. On pourrait me reprocher cette interprétation, mais elle est confirmée dans un autre extrait :

> Parmi les idiomes anciens, welches, gascons, celtiques, wisigoths, phocéens ou orientaux, qui forment quelques nuances dans les communications des divers citoyens et des pays formant le territoire de la République, nous avons observé [...] que l'idiome appelé bas-breton, l'idiome basque, les langues allemande et italienne ont perpétué le règne du fanatisme et de la superstition, assuré la domination des prêtres, des nobles et des praticiens, empêché la révolution de pénétrer dans neuf départements importants, et peuvent favoriser les ennemis de la France (Rapport Barère).

Les langues différentes ont empêché la révolution de pénétrer et peuvent favoriser les ennemis de la France. Voilà. C'est dit. Si vous ne parlez pas français, vous favorisez les ennemis de la France.

Avec les idées révolutionnaires est venue l'instruction publique obligatoire. S'il y a un point positif qu'on peut accorder à la Révolution française, c'est bien celui-ci. On a enfin admis qu'il était important d'instruire le peuple. Mais il fallait, évidemment, l'instruire en français. C'est à cette époque, donc, que la grammaire française, qui n'intéressait jusqu'ici que les clercs, les éditeurs et quelques érudits, devint une préoccupation pédagogique. Car s'il faut franciser la France, il faut avoir des ouvrages de référence qui permettent de le faire. On a donc créé tout un système pédagogique d'enseignement de la grammaire et de l'orthographe et on a, littéralement, inventé les règles.

> On s'apercevra vite que ce n'est pas une question de recette et que l'acquisition par tout un peuple de l'orthographe française, c'est autre chose que la solution de chacun des problèmes qu'elle pose. Les écoles et les collèges, confrontés à une tâche pédagogique inouïe, deviennent le lieu d'une réflexion sur l'orthographe dont la lente maturation permettra d'aboutir à une doctrine "solide".

Car c'est bien d'une théorie que l'école a besoin, et d'une théorie dont la seule fonction soit de justifier l'écriture du français, qu'il faudra apprendre par cœur comme un catéchisme, et qu'il suffira d'appliquer correctement pour éviter les fautes (Chervel, 1981, p. 54).

C'est à cette époque que la manière actuelle de voir le respect des règles est née. C'est à cette époque qu'on s'est mis à voir la langue écrite comme la langue ultime, celle à laquelle la langue orale devrait toujours tenter de ressembler. C'est à cette époque qu'on a commencé à penser que tout ce qui sortait du cadre de la grammaire scolaire était au mieux une faute, au pire pas français du tout.

Les maîtres d'école se sont mis à enseigner cette grammaire inventée, créée de toutes pièces et présentée comme un catéchisme (ce n'est pas moi qui le dis) à leurs élèves. Ces élèves, lorsqu'ils ne se conformaient pas, étaient punis.

Et ce sont ces règles que nous avons encore aujourd'hui. Ce sont ces règles qui, lorsqu'on les maîtrise, correspondent à l'image d'être « bon en français ». Ces interventions sur la langue, et surtout sur la manière de percevoir la langue, ont été diffusées hors de France, de sorte que pratiquement tous les francophones partagent la même vision. Le français, donc, accepte peu la variation, variation par rapport à la source : Paris. Oh, on note bien des régionalismes dans les dictionnaires ! Belle ouverture ! Mais ce sont des régionalismes. On n'a pas de régionalismes à Paris. Ce sont des mots français. Il n'y a pas un français standard par communauté linguistique. Il y en a un seul, et on devrait tous tendre vers lui pour parler la « bonne langue », voire la « vraie langue ».

On le voit d'ailleurs dans les propos de Raoul Rinfret, Québécois, auteur du *Dictionnaire de nos fautes contre la langue française* :

Il nous faut apprendre le français tel qu'il existe en France. Il ne peut être question pour nous de créer une langue spéciale. Je suis forcé de condamner, bien à regret, une foule d'expressions employées ici tous les jours, mais qui ne sont plus correctes parce qu'elles ont vieilli ou changé de signification.

Si nous commençons à nous écarter, de propos délibéré, du véritable français, tel qu'il est parlé et compris de nos jours, en conservant nos archaïsmes, où nous arrêterons-nous (Rinfret, 1896, Préface)?

Le «véritable» français est celui de la France, et on doit s'y conformer, au risque de je ne sais quoi. On doit se débarrasser des formes qui ne sont pas comprises par les Français, sinon, c'est la catastrophe[15].

---

15. Je décortique abondamment ce sujet dans mon premier ouvrage, *La langue rapaillée. Combattre l'insécurité linguistique des Québécois*, publié chez Somme toute en 2015.

CHAPITRE 7
LES NOUVELLES TECHNOLOGIES : ÉVOLUTION, RÉVOLUTION

Il y a beaucoup de médisance au sujet des nouvelles technologies et des nouveaux médias. Les gens ne se parleraient plus, ils auraient toujours le nez rivé à leur téléphone. On se demande d'ailleurs pourquoi ça s'appelle encore un téléphone, car ce n'est certes pas la fonction principale de l'appareil.

> La scène est triste à mourir. Au restaurant, deux personnes se font face. Mais elles ne se parlent pas. Chacune, sur son téléphone intelligent, pianote un message à quelqu'un d'autre. Ou encore elle consulte son compte Facebook. Le silence peut durer plusieurs secondes, voire quelques minutes, sans que personne n'y trouve quelque chose d'inconvenant. Car on voit la même chose à la table d'à côté. C'est une scène qui en dit énormément sur notre époque, une scène infiniment plus parlante, probablement, que les théories qui cherchent à en rendre compte (Bock-Côté, 2013).

Les nouveaux moyens de communication sont en effet à l'origine de grands bouleversements dans les rapports sociaux. Il arrive maintenant que deux personnes puissent être les meilleures amies du monde, mais habiter à 5 000 km l'une de l'autre et ne jamais s'être parlé de vive voix. Contrairement à ce que plusieurs commentateurs peuvent en dire, ces bouleversements ne sont pas que négatifs. En fait, ces bouleversements bouleversent, et ceux qui ne savent pas s'adapter ou qui refusent de suivre la houle peuvent, très rapidement, se sentir dépassés.

Si les rapports sociaux sont chamboulés, il va de soi que la langue utilisée pour rendre compte de ces rapports sociaux l'est également, et ce, à plusieurs égards.

On n'a jamais tant écrit. Les lettrés, qui ont toujours beaucoup écrit, écrivent probablement encore plus. Et les autres, ceux pour qui l'écrit était jadis réservé aux listes de magasinage, envoient maintenant des textos, partagent des statuts Facebook et laissent des commentaires sur des blogues. Et cela en agace plus d'un.

Historiquement, le système d'écriture français est un système élitiste. Il a été volontairement fixé au XIXe siècle afin de refléter l'image d'absolutisme de la *lingua franca* de prestige de l'époque qu'était le français. Les règles de l'écrit *se devaient* d'être difficiles, car l'écrit français, prestigieux et noble, devait se mériter. Avant l'enseignement public obligatoire, le clivage social se faisait entre ceux qui savaient écrire et les autres. Mais comme une plus grande partie de la population française savait maintenant écrire, la distinction sociale s'est donc déplacée vers ceux qui savaient « bien » écrire, par rapport à ceux qui écrivaient « mal ». L'écrit français est donc l'un des plus normés, peut-être même le plus normé. On ne compte plus les exceptions, les cas spéciaux, les *amour*, *délice* et *orgue* qui changent de genre lorsque pluriels. Chez certains, ces règles sont perçues comme autant de petites énigmes à maîtriser ou de petits problèmes à résoudre. Ces gens sont même tout fiers de partager, sur Twitter ou ailleurs, certains cas particulièrement savoureux, comme d'autres partageraient le nom des canons qui ont servi lors de la Deuxième Guerre mondiale. « Saviez-vous que *gens* est féminin lorsqu'il est accompagné d'un adjectif antéposé ? On dira "certaines gens" et de "petites gens" et non "certains gens" et de "petits gens". » « Saviez-vous que l'adverbe *tout* est variable lorsqu'il précède un adjectif féminin commençant par une consonne ou un h aspiré ? » Et on s'extasie devant tant de magnificence.

Pour d'autres, par contre, l'écrit français a toujours été une épreuve. Pour eux, le prestige et la magnificence sont plutôt de la lourdeur et des complications inutiles. Ils n'ont jamais été « bons en français » ; ils ont toujours fait des « fautes ». Ils ont toujours fait partie de ces statistiques alarmantes sur le déclin du français dans les écoles. Pourtant, et c'est là la nouveauté, ces gens se permettent maintenant d'écrire. Car ils ont maintenant une plate-forme qui leur permet de le faire. Cette plate-forme, véritable espace public, utilise l'écrit comme moyen d'expression des idées. L'écrit n'est donc plus réservé aux seuls lettrés qui savent qu'on ne doit pas utiliser le subjonctif avec *après que*. Il est maintenant un outil de communication, un moyen qui permet de participer à la communauté.

Mais les aristocrates de la langue qui s'enorgueillissaient de leurs connaissances voient leur supériorité partir à vau-l'eau. Car les gens qui n'écrivaient pas et qui écrivent maintenant se préoccupent bien peu du respect des règles. Ils ne voient pas dans la langue écrite un outil de promotion sociale, ce qui, évidemment, désole (voire effraie) ceux qui le font : « Quelle désolation, plus de cinquante ans plus tard, de découvrir la détérioration de la langue écrite, que l'on est à même de constater sur les réseaux sociaux (Bombardier, 2016). » Car pour que quelque chose ait une valeur sociale, il faut que la société lui accorde cette valeur. Les privilèges qu'avaient (ou que croyaient avoir) les gens qui pouvaient se targuer d'écrire « sans fautes » sont donc menacés. Et c'est là un premier bouleversement.

Cette notion de perte de privilège est une dramatisation abusive. Car la société accorde encore une plus-value au respect des règles de l'écrit. La différence, c'est que maintenant, on n'est plus tenu de les respecter dans toutes les situations.

J'ai toujours trouvé très intéressant de lire les relations épistolaires de certains personnages historiques. On a un petit malaise, car on se sent un peu voyeur, mais on a la satisfaction d'entrer vraiment dans la vie des gens qu'on admire. Cependant, il ne faut pas faire l'erreur de croire que la manière d'écrire de ces gens reflète vraiment leur langue. Car l'écrit a toujours été empreint d'une aura de supériorité, de rectitude et de noblesse difficile à ignorer. Il suffit de penser aux formules de salutation. « Ma très chère sœur, si je prends la plume aujourd'hui, c'est pour te dire que… » Bien sûr, certaines personnes se permettent des accrocs ici et là (on a d'ailleurs une belle attestation du verbe *fourrer*, au sens sexuel, dans une lettre personnelle d'Hector de Saint-Denys Garneau !), mais généralement, les lettres, même lorsqu'elles sont écrites à des personnes très proches, le sont au registre neutre, voire soigné. Ces lettres sont habituellement le fruit d'une réflexion, elles sont souvent recopiées, corrigées, annotées. Bref, elles sont rarement spontanées.

Maintenant, avec les réseaux sociaux, tout a changé. Si on communique plus que jamais par l'écrit, on communique souvent comme si on parlait. C'est spontané. On a même des applications qui complètent les mots à notre place (ce qui donne parfois de drôles de quiproquos...). Le registre familier, ce registre plus souple, plus libre, plus économique et qui était jusqu'ici réservé à l'oral (à quelques exceptions près), a envahi le monde de l'écrit.

Lorsqu'on parle dans sa vie quotidienne, avec ses proches, on a le droit de passer outre à certaines règles qui n'amènent rien au message. *Exit* le *ne* de négation, *exit* le *nous*, auquel on préférera le *on*, puisque sa morphologie est plus simple, *exit* le futur simple, auquel on préférera, dans la majorité des cas, le futur proche, dont la forme *aller* + [infinitif] est plus facile à gérer. Bref, le registre familier laisse beaucoup de place à l'économie linguistique, ce phénomène qui permet de dire le plus de choses possible en déployant le moins d'efforts possible. Et j'aimerais tout de suite dire à ceux qui croiraient que l'économie linguistique est de la paresse de remballer prestement cet argument fallacieux. Je les mets au défi de parler sans faire preuve d'économie linguistique. Je les mets au défi de dire à haute voix la phrase « Je veux observer les oiseaux » en prononça le mot *observer* avec un [b] et non un [p], de prononcer systématiquement tous les « e » caducs (ce n'est pas pour rien qu'ils s'appellent *caducs*!) dans *médecin, samedi, fin de semaine*, etc., de conjuguer le verbe *frire* à l'imparfait et, pourquoi pas, d'utiliser couramment le subjonctif imparfait. Chers amis, il eût fallu que vous conjuguassiez vos verbes comme je viens de le faire!

Ce registre familier, donc, dont l'une des principales caractéristiques est l'économie linguistique[16], est maintenant utilisé à l'écrit. Car les nouvelles technologies offrent la possibilité de communiquer rapidement par écrit avec ses proches. Les mots-clés ici sont *rapidement* et *proches*. Si je n'utilise pas le *ne* de négation avec ma meilleure amie quand je lui parle de vive voix, pourquoi le ferais-je quand je lui écris un texto? De toute façon, il y a aussi d'autres codes sociaux qui ont changé dans les communications instantanées. On ne signe pas ses textos

---

16. Il y en a d'autres, évidemment, comme la connotation reliée aux mots eux-mêmes : *char* n'est pas plus économique *qu'auto*, mais il appartient quand même au registre familier.

ou ses messages privés sur Facebook (bien peu de gens le font, en tout cas). Il y a beaucoup de situations où on n'utilise même pas de formule de salutation, comme si la conversation avec son interlocuteur n'avait jamais de fin.

Avant l'avènement des nouvelles technologies, on avait peu de contacts avec le registre familier des locuteurs issus de régions ou de classes différentes de la sienne. Cela arrivait, évidemment, mais pas à grande échelle. Aujourd'hui, tout le monde parle à tout le monde. Comme les francophones ne sont pas de grands champions dans la description (et dans l'acceptation) des variations linguistiques, le fait qu'ils se trouvent soudainement en contact avec des variations dont ils ne soupçonnaient même pas l'existence leur donne l'image d'une dégénérescence linguistique.

Le boulanger de Joliette qui communique avec la fleuriste de Saint-Georges de Beauce ou l'infirmière de Matane qui écrit à l'éducateur en service de garde de Saint-Léonard n'utilisent pas exactement le même français, les mêmes tournures, ils ne maîtrisent probablement pas toutes les règles de l'écrit de la même manière, ou n'y accordent pas tous la même importance. Tout cela, à l'échelle du Québec, voire, de la francophonie, donne, disons-le, un beau gros bordel.

Mais cette variation a toujours existé. Pensons-y quelques instants. Comment serait-il possible qu'une langue parlée sur un si vaste territoire par des personnes si différentes demeure pareille partout? Cela fait très longtemps qu'en linguistique, on est conscient de l'existence de toutes ces variations. On leur a même donné de beaux noms savants comme *variation diastratique, diatopique, diachronique* ou *diaphasique*[17]. Il y a des thèses complètes qui sont consacrées à ces variations. Mais les linguistes, étonnamment, sont peu écoutés quand il est question de langue. Ce gros bordel dont on est témoin dans les médias sociaux, qui peut être interprété comme une dégénérescence linguistique, n'est pourtant rien d'autre que l'illustration en direct de ce dont les linguistes variationnistes parlent depuis longtemps.

---

17. Voir le chapitre 1.

On l'a vu, lorsqu'on étudie l'histoire de la langue française, on se rend vite compte que l'évolution linguistique va très souvent de pair avec le développement des moyens de communication. À une certaine époque, les moyens de communication et les moyens de transport étant confondus, le développement des routes qui facilitait la transmission de l'information et les voyages a permis une plus grande diffusion des langues standards. Inversement, les contacts avec les populations parlant d'autres variétés de langue, voire d'autres langues, ont favorisé les échanges linguistiques et, donc, les emprunts et les transferts. Beaucoup plus tard, le développement des télécommunications a également été un grand facteur d'évolution.

Il ne faut donc pas penser que l'avènement d'Internet et des moyens de communication qui y sont rattachés ne provoque aucun changement. En fait, je ne crois pas trop m'avancer en disant qu'on n'est plus au stade de l'évolution, mais bien à celui de la révolution. Et on ne pourra pas arrêter le mouvement. On peut le décrire, l'analyser, mais on ne peut pas l'arrêter. Il faudrait peut-être l'endiguer, d'une certaine manière. Faire en sorte que ce à quoi on accorde de la valeur ait encore de la valeur. Le respect des règles de l'écrit est encore important. Pas dans tous les contextes, certes, mais il est encore important. Il faut enseigner les situations où il l'est, sans nier l'existence des situations où il ne l'est pas. Il faut reconnaître le droit des gens à désobéir aux sacro-saintes règles lorsqu'ils écrivent dans leur vie quotidienne.

L'avènement des nouvelles technologies de communication peut donc être classé dans la catégorie des changements dans le milieu. Mais comme nous l'avons déjà abordé, les facteurs d'évolution linguistique n'étant pas mutuellement exclusifs, il peut aussi être associé aux contacts sociaux et à l'économie linguistique. Les interventions humaines sont nécessaires sur le plan social (et non sur le plan linguistique). Mais ces interventions ne peuvent pas, à elles seules, bloquer les trois autres facteurs. En plus d'être vouée à l'échec, la tentative de gérer systématiquement la langue des gens qui utilisent les nouvelles technologies a une conséquence pernicieuse : elle diminue la confiance que ces gens ont en ces autorités langagières. À force de vouloir tout corriger, tout réguler, tout condamner, ces autorités langagières sont perçues au mieux comme un bruit ambiant, au pire comme un vecteur d'insécurité linguistique. Leurs propos sont donc soit classés parmi les autres choses qu'on «devrait» mieux faire : mieux manger, mieux dormir, mieux protéger l'environnement, mieux écrire, mieux parler, soit ils s'ajoutent au malaise toxique, depuis si longtemps entretenu, selon lequel la langue au Québec est mauvaise.

CHAPITRE 8
DÉCONSTRUIRE LE FRANGLAIS

On entend beaucoup parler du *franglais* depuis quelques années. Il faut savoir que cette dénomination n'est pas utilisée en linguistique. Elle est trop floue, trop vague. En fait, j'ai beaucoup de peine à vraiment savoir à quoi on fait référence quand on parle de franglais. Certes, on parle de l'influence de l'anglais sur le français. Mais jusqu'où va-t-on ? Est-ce que Gilles Vigneault chantait en franglais dans sa chanson *I went to the market*[18] ? Il semblerait même que l'expression s'applique également à toute influence de l'anglais, quelle qu'elle soit : « En franglais, on dirait que le cheval a parlé (Le Devoir, 2016). » Comme je suis incapable de mettre le doigt sur ce que le franglais est, véritablement, puisqu'il semble être une notion fourre-tout, je m'attarderai à dire ce qu'il n'est pas.

1- CE N'EST PAS DE LA CRÉOLISATION

Je serai honnête : j'ai beaucoup de mal à déconstruire cet argument de manière objective, car il me heurte personnellement. La question des créoles est une question très délicate en linguistique. La créolistique est une surspécialisation de la linguistique tellement pointue que peu de linguistes s'y aventurent. Quand j'étais étudiante, je me souviens d'avoir passé probablement trois secondes et quart sur les créoles, d'avoir appris qu'un créole est un pidgin[19] devenu langue maternelle, et de m'être dit que c'était agréable d'avoir un critère aussi facile à apprendre. Ce n'est que plusieurs années plus tard, lorsque j'ai fait des études doctorales sur le créole haïtien, que j'ai appris que ce critère n'en était même pas un et que la définition des créoles et des processus de créolisation étaient loin d'être limpides. On parlera de

---

18. *I went to the market* mon p'tit panier sous mon bras (bis)
The first girl I met, c'est la fille d'un avocat
I love you, vous n'm'entendez guère
I love you, vous ne m'entendez pas

19. On appelle généralement *pidgin* une langue simplifiée créée à partir d'autres langues, et qui sert de langue véhiculaire pour des fins de commerce, etc. Évidemment, cette définition est très (trop) rudimentaire, mais suffit pour les besoins de la démonstration.

continuum prépidgin, de processus sociolinguistique d'expansion des formes internes, d'extension dans l'usage, d'autonomie devenue norme, d'approximations, etc.

Le linguiste André Thibault, professeur à l'Université Paris-Sorbonne et titulaire de la chaire consacrée à la francophonie et à la variété des français, qui travaille notamment sur les créoles à base française, les définit de la manière suivante :

> Langues nées dans le contexte très particulier des «sociétés de plantation» (canne à sucre, colonies esclavagistes, XVIIe-XVIIIe siècles : Louisiane, Caraïbes, océan Indien…). Des apprenants alloglottes, encore relativement jeunes pour la plupart, locuteurs natifs de langues africaines très nombreuses et très diverses, ont dû s'approprier de façon non dirigée, sans carcan normatif et sans le support d'un appareil scolaire, avec une exposition insuffisante à la langue-cible, le français oral véhiculaire de l'époque coloniale, pour communiquer avec les Européens, mais aussi entre eux. De cette tentative d'approximation de la langue-cible sont nés de nouveaux codes linguistiques, les langues créoles (au pluriel!), avec sélection des variantes, réorganisations structurales et influences des langues maternelles (Thibault, 2017, communication privée).

On remarquera qu'il n'y a pas de critère formel pour expliquer ce qu'est un créole sur le plan typologique. On n'a que des critères historiques et sociologiques. C'est donc dire qu'en linguistique, un créole a avant tout une définition à base sociale et historique.

Cela ne fait pas très longtemps que les créoles sont vus comme des objets d'étude dignes de ce nom. Longtemps perçus comme des sous-langues appartenant à des sous-races, les créoles ont été rejetés du revers de la main comme étant des appauvrissements, voire des perversions de la langue. On sent ici tout le poids du colonialisme. N'oublions pas que les créolophones étaient à l'origine des esclaves pour la plupart, même pas considérés comme des êtres humains. Je citerai, au passage, l'exemple du mot pour *maison*, en créole haïtien : *kay*, (prononcé comme *caille*), une variante du mot *cage*…

Donner une connotation négative au terme *créolisation* met de l'avant cette vision colonialiste et passéiste, cette idée que les créoles sont des altérations linguistiques malheureuses :

> Mais ce qu'on présente comme un métissage linguistique créateur n'est rien d'autre que la triste créolisation de la langue (Bock-Côté, 12 juillet 2014).

> Être sensible à la «créolisation» de la langue, à la «chiaquisation» de la langue, revient-il dans notre schizophrénie identitaire indécrottable à refuser d'autres cultures, à fermer la porte aux différences (Dubreuil, 2016)?

Un créole est bien plus qu'un mélange de deux langues (c'est même bien plus qu'un pidgin devenu langue maternelle!). Parler du franglais comme de la créolisation du français, en sous-entendant que c'est négatif, c'est donc non seulement faire un affront à la linguistique en tant que science, qui peine elle-même à définir formellement les créoles, mais c'est aussi dire à tous les créolophones québécois que leur langue est une sous-langue qui ne mérite pas considération.

2- CE N'EST PAS UNE IMITATION DE LA SITUATION DU NOUVEAU-BRUNSWICK

Une autre menace. «La langue des personnages de Dolan nous fait comprendre que l'on s'acadianise de plus belle (Warren, 2014).» Le franglais serait le signe de l'acadianisation du français au Québec. Outre le fait que ce n'est pas vraiment gentil pour les amis acadiens, qui maintiennent le français à bout de bras dans des conditions bien plus difficiles qu'elles ne le sont au Québec, cette menace brandie démontre une bien piètre connaissance de la situation linguistique acadienne. C'est un peu comme les Français qui croient connaître le français québécois et qui sont convaincus que tout le monde s'exclame «christ de tabarnak» tous les deux mots. Les principaux exemples de français du Nouveau-Brunswick que nous avons, au Québec, viennent des chansons de Lisa LeBlanc et de Radio Radio. C'est comme si on disait que les Québécois parlent tous, toujours, comme chantent les groupes Loco Locass ou Québec Redneck Bluegrass Project!

On ne peut pas comparer la situation linguistique du Québec avec celle du Nouveau-Brunswick. Il y a trop de variables diffé-rentes : les situations politique, historique, sociale, économique et démographique ne sont pas les mêmes. Et tous ces facteurs sont déterminants dans l'évolution d'une langue.

La principale différence entre la situation linguistique du Nouveau-Brunswick et celle du Québec réside dans les mesures d'aménagement linguistique. Au Québec, le français est langue officielle, on a la loi 101 qui s'assure que les francophones puissent travailler en français, être servis en français, vivre en français. Au Nouveau-Brunswick, le français partage son statut de langue officielle avec l'anglais, ce qui rend les choses beaucoup plus complexes et difficiles. Le français est en concurrence constante avec l'anglais, dans tous les domaines de la vie. Lorsque les commentateurs québécois parlent de la menace « d'acadianisation » du Québec (ou de « chiaquisation », comme on l'a vu dans l'extrait cité plus haut), pensent-ils vraiment que leur alter ego n'existe pas au Nouveau-Brunswick ? Pensent-ils vraiment que personne ne condamne les anglicismes, que personne ne critique les jeunes ou les artistes qui s'expriment autrement qu'en « bon français » ? Extrait d'une lettre d'opinion publiée dans l'*Acadie-Nouvelle* datée d'août 2012 :

> J'ai eu beaucoup de bonheur et de plaisir à assister aux acti-vités à Dieppe entourant la fête nationale du 15 août. Bravo à tous ceux et celles qui ont participé en nous présentant une programmation qui fait honneur à notre région. Par contre, je suis resté gêné, et oui même déçu, devant la piètre qualité du français utilisé par Les Hay Babies lors de leur spectacle. De suggérer que les 7500 personnes présentes parlent comme eux ça, c'est aller trop loin. Ce n'est pas parce que vous êtes à Dieppe que vous devriez conclure que tous les gens à vos spectacles parlent le chiac. Nous étions avec un couple de la France et j'avais honte. C'est parce que vous avez du talent et le potentiel d'aller loin que je prends la peine de vous le mentionner. Vous et Lisa LeBlanc êtes maintenant des modèles pour la jeunesse acadienne. Vous manquez une bonne occasion d'être de bons exemples pour les jeunes qui

vous admirent. Bravo à Caroline Savoie et les autres artistes acadiens qui soignent leur langage quand ils présentent leurs chansons. Il y a de la place pour le chiac dans les textes des chansons comme *Moncton* de Marie Jo Thério, mais cette dernière se présente toujours dans un français impeccable. Vous devriez suivre son exemple (*Acadie-Nouvelle*, 2012).

En changeant les noms, on pourrait très bien faire passer ce texte pour un texte québécois.

Présenter la situation acadienne comme une conséquence négative du franglais, c'est faire une insulte profonde à tout un peuple. C'est prétendre à une supériorité linguistique, voire sociale, qui nuit aux efforts que les Acadiens font pour maintenir le français sur leur territoire. Car si les Québécois doivent, en plus de se battre pour maintenir le français au Québec, composer avec l'insécurité linguistique par rapport au français hexagonal, les Acadiens, eux, doivent composer avec l'insécurité par rapport au français québécois. On s'attendrait à une certaine fraternité entre les Québécois et les Acadiens. On aimerait une union dans la lutte. Mais le propre de certaines personnes insécures[20] est de taper sur les gens qu'elles perçoivent comme étant plus « bas » qu'elles, pour se sentir supérieures. C'est bas, justement.

3- CE N'EST PAS LE DÉCLIN DU FRANÇAIS

Le fait que les jeunes parlent entre eux en franglais dans leur vie quotidienne n'est pas le signal du déclin du français au Québec. Cette idée est tout simplement fausse. Mais c'est une idée reçue que tout le monde se plaît à rappeler. C'est un peu comme l'idée que le froid rend malade. Les spécialistes de la santé ont beau le dire : le froid ne rend pas plus malade que le stress ou d'autres facteurs qui risquent d'affaiblir le système immunitaire, on continue quand même à penser que les changements de température rendent malade. C'est la même chose pour la langue. On a depuis si longtemps l'idée qu'en refusant d'utiliser des mots anglais, on protège le français, qu'on est convaincu que ceux qui en utilisent mettent la langue en danger. Mais une langue

---

20. Je sais que ce mot est condamné, mais je l'utilise quand même.

n'est pas en danger parce que ses locuteurs emploient les mots d'une autre langue. Une langue est en danger lorsque ses locuteurs arrêtent de la parler. Et il y a deux raisons qui font que des locuteurs arrêtent de parler une langue : soit ils sont tous morts (pensons au nombre de langues amérindiennes disparues lors des colonisations européennes), soit ils ne peuvent plus espérer être heureux dans cette langue. L'assimilation, contrairement à ce qu'on peut croire, ne se fait pas graduellement chez une personne. Ce n'est pas à force d'inclure des mots d'une autre langue que, graduellement, la langue maternelle disparaît et devient cette autre langue. Il y a une coupure. Un point de rupture. Qui se fait généralement avec la scolarisation des enfants. Lorsque les enfants sont scolarisés dans l'autre langue, c'est là que le bât blesse. Mais les emprunts ne mettent pas, en soi, une langue en danger. Nous y reviendrons. Si le français québécois était en danger à cause des mots anglais, toutes les langues du monde le seraient également, car toutes les langues du monde empruntent des mots à l'anglais.

Sous le couvert de la vertueuse défense du français devant l'envahisseur anglais, on défend des idées qui n'ont aucun fondement scientifique. Comme on ne peut pas être contre la vertu, s'attaquer à ces idées, c'est comme être contre la langue française elle-même.

Beaucoup de chroniqueurs fulminent contre ces jeunes qui trouvent maintenant l'anglais plus cool que le français. Mathieu Bock-Côté, l'un des plus volubiles à ce sujet, dans une chronique publiée dans *Le Journal de Montréal* le 12 juillet 2014, s'exprime d'ailleurs en ces termes :

> Les colonisés : on aurait préféré garder ce terme au musée de l'aliénation québécoise. Il redevient toutefois pertinent. Il ne désigne plus des Elvis Gratton à l'ancienne. Mais des gens comme il faut, qui se prennent plus souvent pour la crème de la jeunesse mondialisée, et qui ont décidé de parler français et anglais dans la même phrase pour nous le faire savoir. En franglisant, ils croient envoyer un signal : nous sommes cosmopolites (Bock-Côté, 12 juillet 2012).

Or, cette situation voulant qu'une langue soit à la mode et perçue comme plus cool que le français, on l'a vu, a déjà eu lieu. Durant la Renaissance, en effet, c'est l'italien qui a joué ce rôle : « L'italien est devenu en France une langue qui déclenche une véritable *mode*. Il est particulièrement en vogue auprès du public féminin, qui l'associe à la poésie, aux arts, au chant, à une certaine manière de bien vivre » (Rey et al. 2007, p. 530). Remarquons qu'on ne donne pas ici de raison logique ou objective à l'influence de l'italien. Il s'agit en effet d'une mode, d'une volonté de beauté. Et ils ont été nombreux, les chroniqueurs de l'époque, à condamner cet emploi de l'italien et à brandir la menace de la déchéance du français. Mais derrière la bête italophobie, on voit poindre une autre peur : celle selon laquelle les Français oseraient préférer l'italien à leur langue.

> Pour donc ne parler maintenant que des Italiens, je di qu'un proverbe fort celebre nous donne une prerogative pardessus eux, quant au chant, non moins que pardessus les Espagnols : *Balant Itali, gemunt Hispani, ululant Germani, cantant Galli*[21] ; laquelle prerogative me semble estre aucunement un prejugé pour nous, quant à obtenir la precellence dont il s'agit. Et toutesfois je proteste que je ne l'eusse point demandee, si je n'eusse vu quelques Italiens avoir osé preferer leur langage non seulement au nostre, et à tous les autres vulgaires qui sont aujourdhuy, mais aussi au grec et au latin (Estienne, 1579).

La situation est très similaire avec celle qui prévaut au Québec aujourd'hui. Car en prétendant défendre le français contre les mots anglais, noble intention s'il en est, on cache une autre peur : celle que les francophones préfèrent la langue anglaise, la trouvent plus cool, plus pratique. Comment osent-ils, cette bande de « colonisés » ?

Mais ces personnes qui perdent leur latin devant l'utilisation éhontée de mots anglais en français, tout en reprochant qu'on ne parle pas assez français, sont les premières à condamner le français que l'on parle :

---

21. Les Italiens bêlent, les Espagnols gémissent, les Allemands hululent, les Gaulois chantent.

C'est banal, mais c'est un fait : nous parlons mal le français. Il y a là une vieille blessure. Celle d'un peuple qui n'a jamais su quoi faire de sa langue. Un peuple qui se vautre dans le joual. Un français culturellement pauvre. Une langue de colonisé. Certains s'en faisaient pourtant une fierté (Bock-Côté, 16 octobre 2012).

Frère Untel, sors de ce corps :

Le joual est une langue désossée : les consonnes sont toutes escamotées, un peu comme dans les langues que parlent (je suppose, d'après certains disques) les danseuses des Iles-sous-le-Vent : oula-oula-alao-alao. […] Cette absence de langue qu'est le joual est un cas de notre inexistence, à nous, les Canadiens français (Desbiens, 1960, p. 24-25).

Donc, on demande aux Québécois de parler français, de ne pas utiliser de mots anglais, mais du même souffle, on leur dit que le français qu'ils parlent n'est pas le bon. Qu'ils doivent en parler un autre, meilleur, qui ne serait pas celui des colonisés. « Parlez français ! Non ! Pas celui-là ! »

Ce recours à la peur du déclin du français n'est en fait que le symptôme d'une autre peur, plus sournoise, celle de la peur d'une perte de repères. La société change, mais pas dans le sens où on le désirerait, alors on crie très fort pour tenter de la protéger, tenter de bloquer ce changement.

L'école apprenait aux enfants à bien parler, ce qui leur interdisait de s'exprimer « comme des charretiers », comme on disait à l'époque. Et dans cette société d'avant l'éclatement de tous les tabous, il était non seulement mal vu d'envoyer promener quelqu'un en se référant aux matières excrémentielles, mais ceux qui s'y adonnaient étaient jugés socialement peu fréquentables (Bombardier, 6 décembre 2016).

« L'éclatement de tous les tabous » auquel fait référence Denise Bombardier (elle parle du fait qu'on ait dit « mange de la marde » dans une émission télévisée) est l'illustration de ces changements qui font peur. Ce ne sont pas tous les tabous qui ont éclaté. Ils se sont seulement déplacés.

Et on crie tellement fort qu'on ne s'aperçoit pas que le fait de crier catalyse les changements qu'on essaie d'enrayer. Car si les jeunes se tournent tant vers l'anglais, c'est, entre autres, parce qu'ils en ont marre de se faire dire qu'ils parlent une langue pauvre culturellement. Le déclin du français, si déclin il y a, n'est pas causé par le franglais ou peu importe comment on appelle cette variante de français. Mais il pourrait bien être causé par la saturation des cris, par la fatigue généralisée causée par la constante condamnation des changements en cours.

CHAPITRE 9
ALTERNANCE DE CODES ET EXPRESSION ARTISTIQUE

Il m'arrive de donner des cours de phonétique aux étudiants du programme intensif d'été en français langue étrangère de l'Université Laval. En gros, j'enseigne aux non-francophones comment prononcer les sons du français. Un été, j'avais un étudiant anglophone, manifestement intelligent, mais qui se foutait éperdument de mon cours. Il arrivait en retard, ne participait pas, faisait des blagues avec ses collègues pendant que je parlais. Il lui est même arrivé de venir au cours dans un état de lendemain de veille si avancé que je me demandais si la veille était vraiment rendue au lendemain. En bref, disons que l'attitude de Will (appelons-le Will) n'était pas celle qu'on adopte quand on veut réussir. Il a quand même passé le cours, mais « sur la fesse », comme on dit dans les meilleurs milieux pédagogiques.

L'automne d'après, j'ai croisé Will au centre commercial. Je m'attendais à ce qu'il longe les murs ou qu'il fasse semblant de parler au téléphone pour ne pas avoir à me regarder, comme les étudiants qui n'ont pas de bons résultats dans mes cours font habituellement, mais non : il m'a carrément adressé la parole, tout heureux de me voir. Il m'a parlé en français, avec une maîtrise de l'oral que je ne lui connaissais pas. Surprise, je lui ai demandé ce qui lui était arrivé. Sa réponse : « Ben j'ai rencontré une fille à Québec, t'sais... ». Ha! Voilà! Soudainement, être capable de faire la différence entre *deux heures* et *douze heures* ou entre *un peu* et *on peut* était devenu utile!

Cette anecdote permet de démontrer que lorsqu'une personne apprend une langue seconde, l'un des principaux facteurs de succès (ou d'insuccès) est l'attitude que cette personne a par rapport à la langue qu'elle apprend. Il peut s'agir d'intérêt personnel (certaines personnes sont motivées à la seule pensée d'apprendre de nouvelles choses), il peut s'agir d'un besoin (comme dans le cas de Will), il peut s'agir d'une foule de choses. Et si on a une attitude négative par rapport à la langue apprise, par exemple, si on perçoit cette langue comme une menace pour son identité, il y a de fortes chances que le succès dans l'apprentissage de cette langue soit hypothéqué.

Cela fait longtemps que l'enseignement de l'anglais est obligatoire dans le système d'éducation au Québec. Mais l'attitude à l'époque par rapport à l'anglais, encore perçu comme la langue de l'envahisseur, en a probablement bloqué plusieurs. Car même si, à l'époque, on reconnaissait la pertinence théorique de connaître l'anglais, beaucoup ne voyaient pas en quoi, sur le plan personnel, cela pouvait leur être utile.

Cette situation a graduellement changé. Avec le temps, la loi 101 faisant son travail[22], le statut de l'anglais est passé de celui de langue de l'envahisseur à celui de langue internationale et langue du divertissement. À l'école, les jeunes ont soudainement vu un avantage personnel à connaître l'anglais. Ils ont vu la possibilité d'avoir accès à une quantité importante d'objets de divertissement et celle de communiquer avec beaucoup de gens à travers le monde (gens qui, eux aussi, ont appris l'anglais). C'est donc dire que, depuis quelques années, l'attitude par rapport à l'anglais ayant changé, le système d'éducation du Québec forme maintenant des personnes bilingues.

Arrêtons-nous d'abord un peu sur le concept même de bilinguisme. Non pas le bilinguisme d'État, comme on dirait que le Canada est (ou n'est pas) un pays bilingue ou le bilinguisme plus théorique, statistique, comme lorsqu'on dit qu'il y a telle proportion de personnes bilingues dans telle région. Non. Attardons-nous au locuteur bilingue lui-même. À ce qui se passe dans sa tête.

Cela fait longtemps que de nombreuses recherches dans le domaine prouvent les avantages cognitifs du bilinguisme. Évidemment, il faut toujours amener des nuances, car il s'agit d'études sur l'être humain. Il faut tenir compte des conditions d'apprentissage des diverses langues, de la relation entre les langues elles-mêmes (par exemple, dans les situations de parents de langues maternelles différentes, il faut prendre garde à ne pas compartimenter les langues pour les enfants : l'anglais pour l'autorité, l'espagnol pour l'affection), de la présence des langues

---

22. Je ne dis pas ici qu'il ne faudrait pas la revitaliser et la remettre au goût du jour, loin de là !

dans l'environnement social, médiatique, etc. Mais restons dans le général. De manière générale, donc, le bilinguisme est considéré comme étant positif sur le plan cognitif.

Cette donnée est généralement bien admise dans la population. Mais on se demande rarement pourquoi c'est comme ça. Pourquoi est-ce positif? Plusieurs recherches ont été menées sur le sujet, qui sont arrivées à plusieurs conclusions différentes, mais de plus en plus, on tend à avoir un consensus chez les spécialistes : le bilinguisme (ou multilinguisme, lorsque plus de deux langues sont en cause) est positif dans la mesure où il donne un plus grand éventail de ressources linguistiques au locuteur et, ce faisant, lui fait comprendre les mécanismes intrinsèques des langues. La linguiste Ulrike Jessner parle de *metalinguistic awareness*, que j'ai du mal à traduire en *conscience métalinguistique*, parce qu'étant moi-même bilingue, je perçois une nuance de sens entre la *conscience* et l'*awareness*. Grosso modo, il s'agit du principe selon lequel plus on connaît de langues, mieux on est capable de les maîtriser. Plusieurs le diront d'ailleurs : apprendre une nouvelle langue permet de mieux comprendre sa propre langue maternelle. N'est-ce pas Goethe qui disait «celui qui ne connaît pas les langues étrangères ne connaît rien de sa propre langue»? Comme la langue maternelle s'acquiert de manière plus ou moins inconsciente, certains de ses mécanismes passent inaperçus et semblent aller de soi. Donc, lorsqu'on apprend une autre langue dont les mécanismes diffèrent, on s'aperçoit que rien ne va de soi, et on prend du recul par rapport à sa langue maternelle. Par exemple, l'apprentissage de l'italien par un francophone pourra lui faire prendre conscience que le fait que le pronom sujet soit extérieur au verbe en français (*je suis*) ne va pas de soi, puisqu'en italien, la personne est intrinsèque au verbe (*je suis = sono*). Et lorsque cette personne souhaitera apprendre l'espagnol, elle aura déjà une étape de franchie, puisque le système verbal de l'espagnol marche de la même manière que celui de l'italien (*je suis = soy* ou *estoy*).

C'est que, contrairement à ce qu'on pourrait penser, l'acquisition des langues n'est pas comparable à l'installation d'une nouvelle application sur un ordinateur ou une tablette. Lorsqu'on s'exprime dans une autre langue que notre langue maternelle, on ne change pas de «module» de langue. On fait seulement appel à des ressources linguistiques particulières, qui sont présentes dans une banque de ressources linguistiques.

Et il peut arriver que, lorsqu'on se trouve en présence de gens qui partagent les mêmes ressources linguistiques que nous, on désire en profiter. Les spécialistes du domaine appellent cela le *code switching*, ou *alternance de codes*. Remarquons qu'on ne parle pas ici d'*alternance de langues*, mais bien d'*alternance de codes*. C'est que ce phénomène s'applique à bien d'autres choses que seulement les langues. Un code, ça peut être une variété de langues, ça peut être un registre, ça peut même être un vocabulaire spécialisé. Si je m'adresse à des non-linguistes pour expliquer une notion et qu'entre-temps, un linguiste se joint à nous, je vais lui résumer ce que je viens de dire en termes précis de linguistique que je n'aurais pas employés avec les autres, parce qu'ils n'auraient pas compris. La même chose se produit, par exemple, lorsque le personnel médical discute de la santé d'un patient et lorsque le médecin explique la situation à ce patient.

En fait, presque tout le monde pratique l'alternance de codes à un moment ou un autre de sa vie. Une enseignante s'adresse à ses étudiants québécois en registre soigné et, soudainement, voyant que l'attention de sa classe est en train de baisser, paf! elle sort une belle expression familière. C'est de l'alternance de codes. Une auteure écrit en registre soigné et soudainement, paf! elle écrit «paf!» en plein milieu d'une phrase. C'est de l'alternance de codes. Mon ami et collègue Benoît, pour me dire que quelqu'un n'avait rien compris, a un jour utilisé l'expression très parisienne *que dalle*, puis, pour la rendre plus forte, il a ajouté «que christ de dalle!». C'est de l'alternance de codes.

Évidemment, il fallait que je connaisse l'expression *que dalle* pour comprendre ce que Benoît m'a dit. Il fallait que je partage les mêmes codes que lui, d'une certaine manière. Et quelle satisfaction! Avoue, toi qui me lis, que tu t'es déjà trouvé dans une situation similaire. Avoue qu'il t'est déjà arrivé de te trouver en présence de personnes qui partageaient les mêmes codes que toi, ce qui fait que tu pouvais allègrement te laisser aller à utiliser tous les mots que tu voulais utiliser pour exprimer toutes les choses que tu voulais exprimer. Avoue, fan de *Star Wars*, que tu aimes pouvoir dire à quelqu'un que ce ne sont pas ces droïds qu'il recherche. Avoue, pianiste, que tu aimes pouvoir dire « salé *ma non troppo* » pour commenter un mets. Avoue, fan de Douglas Adams, que tu aimes répondre « 42 » à n'importe quelle question. Avoue, fan de Pérusse, que tu aimes répondre « C'est hindou ! » quand quelqu'un te demande « Ça vient d'où ? ». Avoue, parent de jeunes enfants, que tu aimes me détester en lisant le titre du chapitre 11 du présent ouvrage. Pouvoir faire cela avec des gens, même des inconnus, crée une complicité instantanée. Je ne vous cacherai pas que lorsque mon futur chum italien m'a transcrit certains mots de sa langue maternelle en alphabet phonétique dans une discussion sur Internet, moi, linguiste, j'étais déjà à moitié conquise.

C'est donc dire que tout le monde, dans sa vie, apprend à maîtriser un certain nombre de codes plus ou moins diffusés, plus ou moins partagés par la majorité. Cela peut aller du système de classification décimale Dewey pour les bibliothécaires aux différents types de dérailleurs à utiliser sur un vélo l'hiver, en passant par le nom des différents jeux au football américain. Ces codes sont en fait des ressources linguistiques, des manières de décrire le monde. Et l'on sait bien qu'on ne peut pas toujours utiliser toutes les ressources linguistiques dont on dispose, car on ne se ferait pas comprendre. On doit se retenir. C'est pour cela qu'il est si satisfaisant de rencontrer quelqu'un qui partage les mêmes codes que soi. On peut ouvrir grand les valves et se laisser aller.

Deux personnes qui connaissent les mêmes langues agissent de la même manière. Car comme je l'ai dit précédemment, les langues, des codes, ne sont pas des modules fermés. Lorsqu'un locuteur parle deux langues, il possède un système de ressources linguistiques plus vaste que quelqu'un qui n'en parle qu'une seule. Et si on ne peut pas dire qu'une langue soit supérieure à une autre, on peut remarquer que, parfois, l'emploi de telle forme appartenant à une langue soit plus pratique ponctuellement qu'une autre forme appartenant à une autre langue. Il y a beaucoup de mots français qui n'ont pas d'équivalents en anglais. *Laisser-aller, déjà-vu, raison d'être, rendez-vous.* Mais ça peut aller plus loin. J'ai eu une professeure anglophone, à l'université, qui m'a déjà raconté une anecdote au sujet de sa petite-fille. Cette enfant, dont le père était anglophone et la mère, francophone, apprenait les deux langues en même temps. La petite avait de la difficulté à prononcer les [f]. Un jour qu'elle s'adressait à son père en anglais, elle voulait utiliser *knife.* Mais sachant que la prononciation du mot lui poserait problème, elle a plutôt dit *couteau,* plus facile à prononcer pour sa petite bouche. Le mot *couteau,* donc, était plus pratique ponctuellement pour elle que le mot *knife.* Cet exemple est un exemple typique d'alternance de codes. Plusieurs pourraient penser que la capacité linguistique de cette enfant était inadéquate, car de prime abord, elle ne semble pas pouvoir faire la différence entre les deux langues. Mais c'est tout le contraire. Devant le choix de deux mots possibles pour nommer la même chose, elle a pris celui qui lui convenait le mieux.

De plus en plus d'auteurs prennent ce procédé de l'alternance de codes (en passant, il peut être très difficile, méthodologiquement, de distinguer l'alternance de codes de l'emprunt; comment savoir, en effet, si une personne a de fait changé de langue lorsqu'elle a utilisé un mot, ou si elle a seulement intégré ce mot à sa propre langue?). L'auteur Mathieu Handfield (publié aux Éditions de ta mère), à qui j'ai demandé de me parler de l'utilisation des mots anglais dans ses écrits, a répondu ceci :

> La langue c'est quelque chose de très contextuel. Je ne me lance même pas dans l'explication du fait que ce n'est pas quelque chose de figé (ou qu'à tout le moins ça ne devrait pas être perçu comme tel). Au Québec, comme on est une communauté relativement petite, on a la chance d'avoir un très fort rapport au contexte – on se catch facilement parce qu'il n'y a pas une grosse différence dans nos façons de parler, d'un bout à l'autre de la province. Les expressions reviennent, oui il y a des différences, mais on se comprend facilement. Grâce à cette proximité, il y a une quantité de mots en anglais – et même quelques mots en espagnol – qui

sont intégrés à la langue et ça ouvre l'éventail de choix qu'on a quand on écrit (et quand on parle évidemment). Se priver de ça, c'est vraiment dommage! Surtout quand on fait parler un personnage et qu'on veut qu'il soit réaliste. Comme dans un de mes textes, le personnage utilise le verbe «flusher» au lieu de dire «tirer la chasse». La même phrase avec «tirer la chasse» au lieu de «flusher» ruinerait la crédibilité du personnage, parce que jamais cette fille-là dirait autre chose que «flusher»!

Il y a aussi beaucoup de mots en anglais qui englobent des concepts qui seraient très complexes à décrire en français. Je pense par exemple au mot «spooky» qui ne veut pas dire «effrayant» ni «épeurant» ni «terrifiant». Spooky c'est une sorte d'horreur très familiale, pas épeurante pour vrai, comme des décorations d'Halloween par exemple, mais comment donner exactement ce sentiment en un mot en français?

Je crois que si on était exposés au quotidien à plusieurs autres langues de manière globale, on intégrerait de nouveaux mots plus «pratiques» de la même manière. Et c'est formidable de voir une langue évoluer de cette manière. Je ne crois pas qu'il faut lutter contre ces intégrations, autant dans la vie qu'en littérature (Handfield, 2017, communication privée).

L'auteur a d'ailleurs eu la gentillesse de me donner un extrait d'un de ses textes en chantier dont il ignore le sort prochain.

On est au meilleur temps pour partir, Dave, faut le faire là, faut partir là, straight maintenant, parce que, deux raisons, si on attend, on va perdre l'idée, comme le fil genre, on va perdre la drive puis on le fera jamais, puis deuxièmement, si on attend, ben il va être trop tard, on va manquer la saison, tu comprends, parce que personne va en acheter si on manque la saison, fait qu'il faut qu'on déguedine, Dave, faut qu'on déguedine d'icitte, parce qu'on a pogné le fond, le fond de ce dans quoi on est, on l'a pogné, on y touche pis là va falloir se donner une swing, Dave, mon gars, une grosse swing puis qu'on remonte, mais pas juste qu'on remonte là où c'est qu'on était avant de commencer à piquer, à couler je veux dire, faut qu'on remonte plus haut, way plus haut, qu'on remonte, même au dessus de la surface, puis qu'on flotte Dave, qu'on vole genre, qu'on soit tellement over the top qu'on voit même plus le baril ou en tout cas, l'affaire dans quoi on est en ce moment, l'affaire qu'on sent le fond en dessous de nos paumes de pieds, tu me suis Dave, c'est ça qu'on va faire, puis c'est pour cette raison- là que je pense qu'il faut que tu te mettes une paire de culottes puis qu'on prenne ton char, là tout de suite, parce que pour deux raisons, il faut pas qu'on attende ; pas manquer notre shot avec la saison, puis pas perdre le tonnerre, Dave, pas perdre la drive, le guts, le feel, Dave, David, mon gars, pogne tes culottes, on sacre le feu à cet appartement de marde, puis on fly, Dave, mon gars, on fly (Handfield, 2017, *À propos de la vente illégale de sapins de Noël*).

On remarquera, évidemment, que ce texte est (magnifiquement) écrit au registre familier, et que l'utilisation des expressions anglaises lui donne une saveur particulière. Plusieurs jugeront probablement ce texte négativement. Ils en auront bien le droit, évidemment, mais ce faisant, ils ne percevront pas le procédé stylistique.

Revenons maintenant à nos locuteurs bilingues que le système d'éducation québécois forme depuis plusieurs années. Nous avons devant nous une, voire deux générations de gens qui maîtrisent deux codes similaires : le français et l'anglais. En plus, comme plusieurs membres des générations antérieures n'ont pas eu la même attitude par rapport à l'anglais, même si cette langue était également enseignée à l'école « dans leur temps », nous avons devant nous une génération de jeunes qui maîtrisent un code de plus que la génération de ceux qu'ils perçoivent comme les « vieux ». Qui plus est, ces « vieux » critiquent l'emploi que ces jeunes font de ce code supplémentaire.

C'est donc dire que le système d'éducation québécois forme des locuteurs bilingues. On valorise l'apprentissage de l'anglais, on valorise l'idée même du bilinguisme individuel, parce que l'anglais est la langue internationale, etc., mais on ne permet pas aux jeunes Québécois d'agir comme bilingues. On ne leur permet pas d'utiliser, dans leur vie quotidienne, les connaissances qui leur sont inculquées à l'école (et ailleurs, cela va sans dire, c'est probablement pour cela qu'ils sont si bons). C'est comme si on leur disait : « Apprends ça, mais surtout, ne t'en sers qu'en cas de nécessité. » Tu peux utiliser l'anglais quand tu t'adresses à des anglophones, quand tu voyages, quand tu lis des articles scientifiques, quand tu vas voir des films, mais surtout, *surtout*, ne l'utilise pas avec tes amis francophones qui, eux aussi, connaissent l'anglais.

> J'ai appris l'anglais parce que mes parents m'obligeaient à l'apprendre quand j'étais à l'école, parce que, comme les maths, j'allais en avoir besoin « plus tard ». Pis quand j'ai commencé à utiliser l'anglais dans des phrases ordinaires avec mes deux sœurs, on a eu droit à une discussion sur la peur que mes parents ont qu'ils pourront pas parler avec leurs petits-enfants parce qu'ils vont parler anglais dans le futur, parce qu'on est bilingue, pis c'est bin grave parce que les Anglais gagnent (Anne-Marie, une de mes anciennes étudiantes, témoignage personnel, 6 mars 2016).

Mais est-ce vraiment comme ça que ça marche ? Peut-on enseigner une chose d'un côté, et la proscrire de l'autre ? Peut-on contrôler la langue quotidienne des gens ? Lorsque des fans de jeux vidéo se parlent, ils se parlent avec des termes issus du vocabulaire des jeux vidéo. Ils peuvent le faire, en tout cas. Lorsque des personnes qui maîtrisent l'anglais et le français se parlent, elles ont la possibilité d'inclure, dans leur discours, des mots d'une langue ou de l'autre. Et c'est ce que plusieurs font. On peut ne pas aimer cela. C'est certain que ceux qui perçoivent l'anglais différemment n'aiment pas cela. Car ils y voient une menace. Car ils pensent que l'anglais est en train de reprendre le dessus sur le français.

Ce n'est pas le cas. Ou si ça l'est, ce n'est pas le même cas que ça l'a déjà été. La situation n'est pas la même que durant la période pré-loi 101. L'anglais n'a plus le même statut qu'il avait à l'époque. De langue de l'Envahisseur, il est devenu langue internationale, langue du divertissement, langue des sciences. La situation est beaucoup plus complexe et beaucoup plus vaste que ce qu'elle a été, et elle dépasse largement les frontières québécoises. Le résultat est peut-être similaire, mais les raisons sous-jacentes à ce résultat ne sont pas les mêmes. Il y a en effet peut-être un problème potentiel, mais il n'est certainement pas le même que celui qu'on a déjà connu. Et nier cet état de choses risque de catalyser le problème, justement, si problème il y a.

CHAPITRE 10
AMÉNAGEMENT LINGUISTIQUE

Dire que le français au Québec n'est pas en position précaire serait une absurdité. Pour qu'il cesse de l'être, il faudrait que tous les anglophones d'Amérique du Nord deviennent des francophones. Il faut donc, d'une manière ou d'une autre, prendre des mesures pour maintenir le fait français au Québec.

Ces mesures portent un nom : ce sont des mesures d'aménagement linguistique. Remarquons le terme. On ne parle pas d'*imposition linguistique*, d'*interdiction linguistique*, voire de *police linguistique*. Non. On parle d'aménagement linguistique. On aménage la langue, on fait des lois, on prend des décisions de manière à ce que ses locuteurs soient dans les meilleures dispositions possibles pour la parler.

Car tout passe par là : les locuteurs. Une langue n'existe que par ses locuteurs. Pour maintenir une langue, donc, il faut s'assurer que les locuteurs continuent de la parler.

La loi 101 est un exemple d'aménagement linguistique efficace. C'est elle qui, disons-le, a sauvé le fait français au Québec. Avant la loi 101, la plupart des patrons, détenteurs du pouvoir, ne parlaient qu'anglais, et exigeaient de leurs employés qu'ils fassent de même. Un employé qui voulait demander un congé pour pouvoir s'occuper de son enfant malade, par exemple, avait beaucoup plus de chances de l'obtenir s'il pouvait le faire en anglais. *Idem* pour obtenir une augmentation ou une promotion. Le *cheap-labor*[23] québécois a rapidement compris que l'amélioration de son sort passait par la maîtrise de l'anglais. Il a donc voulu que ses enfants fréquentent l'école anglaise, afin qu'ils aient plus de chance de se rapprocher de l'élite.

Sans la loi 101, une grande partie des gens de ma génération (je suis née en 1976) aurait probablement fréquenté l'école anglaise, ce qui fait que la génération de ma fille serait, en pratique, anglophone. La loi 101 a mis fin à ce cycle en permettant aux employés francophones de travailler dans leur langue maternelle. Elle a aussi dû leur bloquer l'accès à l'école anglaise, ce qui a été (et

---

23. Appelons-le comme il doit l'être : en anglais.

qui est encore) mal perçu par certains. C'est toujours délicat de faire de l'aménagement linguistique, car la frontière entre la protection d'une langue et l'interdiction d'une autre est très mince. Mais le pouvoir symbolique de l'anglais comme tremplin social était tellement fort dans la population que la mesure pour le domaine du travail n'aurait pas suffi : il fallait aussi prendre des mesures relatives à l'éducation.

Car l'école anglaise n'enseigne pas seulement l'anglais. L'école est aussi un vecteur culturel important, et si les enfants québécois étaient majoritairement allés à l'école anglaise, c'est toute la culture québécoise qui en aurait souffert. D'ailleurs, on peut très bien apprendre l'anglais en fréquentant l'école dans sa langue maternelle (témoin les millions de locuteurs de l'anglais langue seconde dans le monde, qui sont plus nombreux que les locuteurs de langue maternelle). Il n'est pas nécessaire que les cours de mathématiques et de géographie soient en anglais.

Donc, la loi 101 a joué un rôle de premier plan dans le maintien du fait français au Québec. Mais elle a ses limites. Car si on peut intervenir sur la langue utilisée dans les communications officielles, dans l'affichage (qui a un gros pouvoir symbolique), à l'école, dans les milieux de travail, on ne peut pas intervenir sur la langue quotidienne des gens. Et on est bien content que ce soit ainsi! Qui aimerait vivre dans une société dont l'État peut intervenir sur la langue quotidienne?

C'est donc dire que le maintien d'une langue ne peut pas seulement passer par des mesures d'aménagement linguistique. Il doit également passer par la (bonne) volonté des locuteurs. Les gens doivent avoir envie de parler une langue. Ils doivent y voir une utilité et doivent se reconnaître dans cette langue. C'est ce qui s'est passé dans les années 1970 après l'adoption de la loi 101. Les Québécois se sont sentis légitimés dans l'utilisation de leur langue maternelle, et se sont battus pour elle.

Mais est-ce encore le cas aujourd'hui?

Les jeunes sont-ils fiers de leur langue? Ont-ils envie de se battre pour elle? S'y reconnaissent-ils? Beaucoup, oui. Mais pas tous. Certainement pas tous. On remarque, depuis plusieurs années déjà, une anglicisation de Montréal. Il n'est pas rare de se faire répondre en anglais dans un commerce, même sur le Plateau Mont-Royal. Que se passe-t-il?

On peut bien crier. C'est d'ailleurs ce que font la majorité des commentateurs. On dénonce, on crie, on critique, on s'arrache les cheveux. Le groupe Dead Obies chante en franglais, quel message cela donnera-t-il à nos enfants!? Certains artistes francophones osent chanter en anglais. « [...] il faut reconnaître qu'il y a quelque chose de tordu à choisir une langue autre que la sienne pour exprimer l'essentiel de l'être, qui est ce qu'on attend d'un art véritable (Cornellier, 19 mars 2016). »

Je n'ai vu personne jusqu'à présent s'interroger sur les raisons qui peuvent expliquer ce retour en force de l'anglais, autre que de dire que les jeunes adorent le veau d'or de la culture américaine et trahissent leur propre culture. Mais que se passe-t-il vraiment? Pourquoi les jeunes se tournent-ils ainsi sans vergogne vers cette langue contre laquelle tout le monde les met en garde depuis des lustres? Pourquoi s'entêtent-ils à ignorer tous ces messages de leurs aînés qui leur disent qu'ils mettent leur langue en danger et qu'ils sont des traîtres à leur nation?

Pourquoi les jeunes ne sont-ils pas fiers de parler français? Pourquoi s'éloignent-ils du français? Pourquoi ne voient-ils pas toute la magnificence de la langue de Molière? Comment peuvent-ils refuser l'appartenance à la langue de Diderot, Pascal, Rimbaud, Voltaire? Pourquoi rejettent-ils cette langue qui fut jadis parlée dans toutes les cours d'Europe et saluée par toutes les têtes couronnées comme étant la langue la plus pure, la plus nuancée, celle qui permettait le mieux d'exprimer les idées?

Mais de quel français parle-t-on, ici? Ah non, pas ce français-là. Non. Celui-là, il est mauvais. Ne dites pas *aiguise-crayon*, les enfants. Le vrai mot est *taille-crayon*. Non non, Jérôme, il ne faut pas prononcer le mot *laid* «laitte». *Laitte*, ce n'est pas un mot. Tu dois dire *laid,* avec le «d» muet. Regardez ces jeunes qui ne connaissent pas leur langue! Ils sont incapables d'écrire deux lignes sans faire de fautes! Quelle honte! Vous savez, j'ai entendu à la radio qu'on ne doit pas dire *tordre le bras à quelqu'un*. C'est un sale anglicisme. Ça met la langue en danger. On ne peut pas non plus *sauter une coche*. Non. *Coche* est un archaïsme, ce n'est pas assez moderne. La vraie expression est *péter les plombs*. Quoi? Que dites-vous? On n'utilise plus *plombs* pour parler des fusibles non plus au Québec? Mais ce n'est pas grave. La vraie expression, c'est *péter les plombs*, et puis c'est tout. J'ai lu dans mon livre de grammaire à l'université que le mot *menterie* n'était plus utilisé en français. Pardon? On parle français au Québec et on l'utilise toujours? Non, non, on ne va pas se mettre à tenir compte du français du Québec pour dire ce qui est utilisé en français, voyons donc! Des plans pour que le reste de la francophonie cesse de nous comprendre!

Pourquoi les jeunes ne sont-ils pas fiers de leur langue? On se le demande encore? Mais la fierté, ça ne s'impose pas! La fierté, ça se gagne! Comment peut-on s'attendre à ce que les jeunes soient fiers d'une chose qu'ils ont entendu critiquer toute leur vie? Pourquoi leur rebat-on encore les oreilles avec la langue de Molière? Ils n'en ont rien à foutre, les jeunes, de Molière et de Voltaire et des têtes couronnées d'Europe! Et ils ont tout à fait le droit!

Et pensons-y sérieusement, dans quelle réalité est-ce arrivé qu'on ait dit à un jeune «cesse de faire cela» et qu'il se soit dit «Ah! Les plus vieux veulent que je cesse de faire cela! Je vais cesser tout de suite!»? Dans quel monde le fait de critiquer les jeunes a-t-il eu des résultats probants?

Le français au Québec est en position précaire. Le français à Montréal, encore plus. Et ce n'est pas la faute des jeunes. Ce n'est plus une capitulation devant l'envahisseur. Cornellier écrit

> Être pour le Québec français, ce n'est pas nier à qui que ce soit le droit d'apprendre toutes les langues qu'il lui plaît de baragouiner (pour la maîtrise, on attendra) dans son salon et en voyage ou pour écrire des chansons qui «*pognent*» à l'international. C'est refuser que l'anglais, au Québec, devienne une condition d'embauche (sauf dans quelques cas) et un savoir nécessaire à la réussite des études. De cela, qui est l'essentiel, Cassivi ne parle jamais dans son brûlot égotiste (Cornellier, 19 mars 2016).

L'anglais ne devrait donc pas être une condition à la réussite des études. Je suis d'accord. On aimerait bien que ce soit le cas. Il faudrait peut-être en parler à toute la communauté internationale pour qu'elle fasse en sorte que l'anglais cesse d'être la langue de communication de toutes les disciplines scientifiques, qu'elles soient molles ou dures! Il faudrait dire aux gens qui écrivent les traités spécialisés et les revues scientifiques qu'ils doivent absolument cesser d'écrire en anglais, car il ne faudrait pas qu'au Québec, on exige des étudiants qu'ils maîtrisent cette langue.

Pourquoi le français est-il en position précaire au Québec? Une catégorie de bien-pensants s'est appropriée la langue française, elle s'est appropriée le discours langagier dans les médias, elle a imposé sa propre vision, sa propre norme implicite. Et ça fait longtemps que ça dure.

On commence à voir les effets pernicieux de cette attitude. On commence à voir que les aristocrates de la langue, ces gens qui se sentent supérieurs aux autres parce qu'ils savent ce qui est «bon» et ce qui est «mauvais», perdent de leur pouvoir. Mais le pouvoir qu'ils perdent n'est pas sur le français. Ah non, ça, bravo. Vous l'avez, le pouvoir sur le français. Bravo. Continuez à vous enorgueillir de magnificence langagière. Continuez à dénigrer les gens qui sont plus bas que vous. Continuez à dire aux professeurs d'enseigner aux enfants que leurs mots quotidiens, ceux qu'ils entendent dans leur famille tous les jours, ne sont pas les «vrais mots». Continuez à dire à la radio, dans les journaux, sur Twitter, qu'on ne «peut pas» dire telle expression. Que telle autre expression «n'est pas française». Continuez. Et observez ce que les jeunes font. Ils vous envoient paître (mais ils le font avec un autre mot que *paître*). Voilà ce qu'ils font. Ils vous le laissent, le français. «À quoi ça sert de me battre pour défendre le français si je réussis même pas à le parler correctement?» Cette phrase, on l'entend fréquemment. Cette phrase, elle dit tout. À quoi ça sert, en effet?

La loi 101 pourrait certes être remise au goût du jour. Il faudrait réfléchir au nouveau rôle de l'anglais sur le plan international, entre autres choses. Mais en fin de compte, ce qu'il faut comprendre, c'est que la survie du français au Québec passe avant tout par les locuteurs, et, en l'occurrence, par les jeunes, car ce sont eux qui forment la société de demain. Mais si on continue à présenter le français comme une langue ardue et qui doit se mériter, si on continue à dénigrer la langue quotidienne, si on continue à tenter d'imposer une vision de la langue qui ne correspond pas à celle des générations montantes, les locuteurs ne souhaiteront pas la survie de ce français. Ils vont s'en foutre. Car ce français, ce n'est pas le leur.

CHAPITRE 11
LIBÉRÉE, DÉLIVRÉE[24]

J'entends d'ici les contestations. « Ne venez pas me dire, Madame la linguiste, que c'est seulement parce qu'on leur a dit qu'ils parlaient mal que les jeunes se tournent vers l'anglais, quand même ! » Évidemment, non. L'anglais est la *lingua franca* la plus puissante de l'histoire humaine. Une *lingua franca*, c'est une langue internationale, une langue véhiculaire. Une langue utilisée comme moyen de communication par des gens de langues maternelles différentes. On a eu le latin pendant longtemps. On a même eu le français. Maintenant, c'est au tour de l'anglais. Mais la particularité de l'anglais *lingua franca*, c'est qu'il est utilisé par d'autres classes que l'élite. Jadis, les autres *lingua franca* étaient des outils caractéristiques des classes dirigeantes ou des marchands, bref, des gens qui devaient, en effet, communiquer avec d'autres nations. Jadis, le paysan lyonnais et le boulanger portugais avaient bien peu de chances de se rencontrer au point d'avoir besoin d'entretenir une conversation soutenue.

Aujourd'hui, grâce à Internet et aux outils de communication modernes, tout le monde parle avec tout le monde, peu importe l'origine, et peu importe la classe. Et souvent, cela se passe en anglais. L'anglais est donc non seulement la langue du commerce international, la langue de la science[25], mais il est aussi la langue du divertissement, voire la langue de la complicité entre personnes appartenant au même groupe. Les *mèmes* Internet, ces images récurrentes sur lesquelles on appose des jeux de mots ou des blagues, sont un bel exemple de cela : au fil du temps, il s'est développé un système de blagues que seules certaines personnes appartenant à certains groupes en particulier peuvent comprendre. Mais ces personnes n'ont pas à avoir la même langue maternelle, ni à venir du même endroit. Bref, je serais vraiment idiote de minimiser l'attrait de l'anglais.

24. Parents de jeunes enfants : je suis désolée…
25. Ce qui pose certains problèmes, car cela avantage les chercheurs anglo-saxons, plus à l'aise pour communiquer les résultats de leurs recherches dans leur langue maternelle que les autres.

Mais justement. Si l'anglais est si attrayant, il ne l'est pas que pour les Québécois. Il l'est pour beaucoup de gens à travers le monde. Le « problème », si problème il y a, n'est pas que québécois. Évidemment, il est plus criant au Québec, car l'anglais, ici, n'est pas que la *lingua franca*, il est aussi la langue de la majorité dominante, à l'échelle nord-américaine.

Pour éviter l'anglicisation des jeunes, donc, il serait vraiment idiot de minimiser l'attrait de l'anglais ou de ridiculiser l'importance qu'il a en parlant du « Québec Full Cool », comme Sophie Durocher le fait dans une de ses chroniques (Durocher, 2 mai 2016). J'ai parlé tout à l'heure de l'Acadie et du fait qu'il s'y trouve des puristes pour condamner les anglicismes et critiquer la langue des jeunes. Que se passe-t-il donc ? Ces gens ne crient pas assez fort ? Devraient-ils faire encore plus de critiques ? Ou peut-être est-ce parce que la critique et la condamnation ne fonctionnent pas ?

La lutte contre l'anglais langue de l'envahisseur n'a certes pas été gagnée (elle ne le sera jamais vraiment). Disons qu'elle est contenue, grâce à la loi 101 (qui, je le répète, gagnerait à être revampée[26]). La lutte contre l'anglais *lingua franca* demande d'autres armes. En fait, l'une de ces armes est de ne pas voir la lutte comme une lutte. Car on ne peut lutter contre la *lingua franca*. Pour le faire, il faudrait se fermer complètement à la modernité, car la *lingua franca* est, par définition, la langue de la modernité, la langue à la page, la langue qu'il faut connaître pour faire partie du monde. On peut ne pas aimer cela, on peut trouver que c'est donner beaucoup trop de pouvoir à l'anglais. Et j'aurais tendance à être d'accord avec ce point. Ça va toujours mieux quand la *lingua franca* n'est la langue maternelle de personne. Qui sait, un jour, peut-être, l'anglais langue maternelle aura évolué différemment de l'anglais *lingua franca* et les deux se seront assez distancés pour faire deux langues distinctes ?

Fondamentalement, le fait que les Québécois maîtrisent l'anglais n'est pas inquiétant. C'est même très positif. C'est le fait que des Québécois choisissent l'anglais comme langue quotidienne au

---

26. Ce mot est critiqué. Je l'assume.

lieu du français qui peut être préoccupant. Mais au lieu de critiquer ces gens, et au lieu de dénigrer l'anglais (vaine entreprise, s'il en est), il faudrait plutôt se demander, d'une part, ce qui fait que ces gens choisissent l'anglais et, d'autre part, ce qu'on pourrait entreprendre pour faire en sorte qu'à l'avenir, moins de gens fassent ce choix.

La *lingua franca* n'est pas meilleure en soi que les autres langues. Tous les linguistes dignes de ce nom le diront : il est impossible de dire qu'une langue est « meilleure » qu'une autre. Une langue est un outil de communication, un vecteur social, un matériau artistique, un symbole d'identité, etc. Comment peut-on affirmer que l'une soit meilleure que l'autre ? Cela dit, on laisse généralement évoluer la *lingua franca* pour qu'elle réponde aux besoins de l'époque à laquelle elle correspond. Lorsque c'était le français qui jouait ce rôle (aux XVIII et XIXes siècles), les besoins étaient des besoins de prestige et d'esthétique. La *lingua franca* était utilisée par les aristocrates dont la recherche d'absolutisme n'avait d'égal que celle de la pureté.

> Si le français, au moment où il a exercé sa plus vive attraction sur un monde exigeant et difficile, a répondu à l'attente des Lumières, ce n'est certainement pas seulement au titre de système de communication. […] Les plus grands amis de notre langue, qui étaient souvent les plus chauds partisans des Lumières, ne la séparaient pas de l'éducation dont elle était le vecteur, de la littérature sur laquelle elle était gagée, et de tout un art de vivre civilement, voire heureusement, auxquels ne conduisaient pas les systèmes de communication locaux dont se contentaient la plupart de leurs compatriotes (Fumaroli, 2001, p. 25-26).

On a donc laissé le français évoluer pour qu'il réponde à ces besoins, en le rendant « beau » et prestigieux. Ce n'est pas surprenant qu'il soit l'une des langues les plus normées et qu'encore beaucoup de ses locuteurs le croient meilleur pour exprimer les nuances et la beauté.

Mais ces besoins d'esthétisme ont aujourd'hui été relégués aux oubliettes par d'autres besoins. Des besoins d'efficacité, de rapidité, de rendement. On veut tout, tout de suite, maintenant. Qu'on aime ou pas, les faits demeurent : les nuances et l'esthétique, si chères aux aristocrates des temps passés, ne sont plus de mise.

Et l'image du français pur, esthétique et prestigieux est devenue anachronique.

Il m'arrive très souvent d'entendre des gens (surtout des jeunes) dire que l'anglais est plus facile que le français. Lorsqu'on me dit cela, je réponds invariablement que non. L'anglais n'est pas plus facile. Mais il est plus permissif.

Le linguiste Geoffrey K. Pullum, entre autres co-auteur de *The Cambridge Grammar of the English Language* (2002), oppose deux styles en anglais (il parle de la langue écrite, suivons-le dans sa démarche) : *normal* et *formal*. Il compare notamment *don't* (normal) à *do not* (formal), *can't* (normal) à *cannot* (formal) et *because it wasn't him* à *for it was not he*. Il existerait donc, en anglais, un style d'écriture (qu'on pourrait associer à un registre de langue) plus convivial, plus simple et moins contraignant qu'on peut utiliser dans des situations « normales », opposé à un autre style, plus complexe, voire plus pompeux. Pullum explique cela après qu'une lectrice de son blogue lui a fait le reproche de ne pas utiliser ce qu'il associe au style *formal* dans ses billets. Sa réponse :

> *But proper use of English is not defined by relentless use of Formal [...]. The point is to decide on the impression and tone you're aiming for. And I'm writing a blog post, for heaven's sake, not an inscription to be chiseled into a college president's headstone. I'm chatting with you and a few thousand other close friends and colleagues. I want to sound roughly the way I would in conversation. We're all educated, but we use Normal in our everyday interactions and office meetings, and (I certainly hope) in our teaching* (Pullum 2012).

Cette opposition explique pourquoi beaucoup de francophones perçoivent l'anglais comme étant « plus facile » que le français. C'est qu'ils n'ont appris que le style *normal*. Ils ont appris à dire *don't, can't, won't*, ils ont appris à utiliser *could, would* et *should*, se préoccupant rarement de *shall* ou *may*, et peu connaissant la forme *if I were*, qui est un subjonctif. Ils n'ont probablement pas vraiment conscience de la nuance amenée par les *progressive tenses*, comme dans *university costs rose in recent years* par rapport à *university costs have risen in recent years*. En somme, disons que l'anglais peut être beaucoup plus complexe qu'il n'en a l'air de prime abord. Mon amie, la linguiste Kendall Vogh, enseigne l'anglais langue seconde à l'université. Je lui ai demandé de me parler des principales difficultés qu'elle a notées chez ses étudiants francophones :

J'ai donné, en tant que locutrice native de l'anglais, des cours de rédaction en anglais langue seconde pour des contextes universitaires dans une université québécoise. Mes étudiants pouvaient lire les textes donnés en devoir, comprendre mes exposés magistraux et discuter en classe entièrement en anglais. À l'écrit, ils savaient généralement faire des phrases complètes et grammaticales, conjuguer leurs verbes, etc. Ils auraient pu très bien se débrouiller dans la vie quotidienne dans un contexte anglophone – et plusieurs d'entre eux l'ont déjà fait, d'ailleurs. Dans ce sens, donc, je peux dire qu'ils étaient «bons» en anglais. Mais pour beaucoup d'entre eux, mes cours ont été un réveil brutal au fait que l'anglais existe autant comme une langue que comme un outil, et que maîtriser la langue anglaise implique beaucoup plus que «se faire comprendre» ou «faire des phrases qui se tiennent». Bien sûr, l'anglais diffère du français dans des complexités grammaticales et lexicales qui échappent à beaucoup d'apprenants, même avancés […], mais le gros de mon travail d'enseignante par rapport à la langue a été de faire comprendre à mes étudiants comment faire des phrases appropriées pour le contexte, en l'occurrence, un contexte formel. En contexte formel et universitaire, ce n'est pas accepté de commencer une phrase par *and* ou *but*. Ce n'est pas accepté d'employer *a lot, really, kids, can't, don't, gonna*, etc. Beaucoup de ces règles sont les mêmes qu'en français soigné, et mes étudiants étaient des étudiants universitaires, qui devaient maîtriser ces règles en français. Mais on aurait dit qu'ils n'avaient pas saisi que l'anglais pouvait avoir autant de règles contextuelles et de nuances de sens, en plus des règles grammaticales de base. Beaucoup d'entre eux n'avaient pas (encore) acquis les équivalents soignés des mots familiers qu'ils connaissaient – ils ne savaient pas que ces mots pouvaient avoir un équivalent plus formel. Cela ne faisait tout simplement pas partie de ce qu'ils avaient appris sur l'anglais, ni par explication, ni par exposition (Vogh, 2017, communication privée).

Ces étudiants, donc, n'avaient été en contact qu'avec le style *normal* de l'anglais, alors que c'était le style *formal* qui était enseigné (et exigé) dans les cours.

En français, cette opposition n'existe tout simplement pas. Lorsqu'on écrit en français, on doit toujours obéir à toutes les règles formelles. Bien sûr, il existe bien des possibilités de simplification dans les textes. On peut faire des phrases plus courtes, on peut éviter d'utiliser le point-virgule, on peut employer des mots simples. Mais il viendrait rarement à l'idée d'écrire *t'es* au lieu de *tu es* ou *j'sais pas* au lieu de *je ne sais pas,* qui sont des formes qui pourraient correspondre à *you're* et *I don't know.* Certains commencent à le faire dans certains réseaux sociaux, et ils sont souvent associés à ces gens qui contribuent à la dégénérescence du français.

Le français, donc, ancienne *lingua franca* de prestige dont les règles sont si compliquées que même les gens dont le métier est de corriger les fautes dans les publications affirment ne pas toutes les connaître, n'accepte pas que ses locuteurs simplifient les choses dans les écrits conviviaux. En français, à l'écrit, c'est tout ou rien.

L'anglais n'est pas plus facile que le français. Les écrits en anglais *formal* ne sont pas plus simples que ceux en français. Le problème, c'est qu'il existe peu, voire pas d'écrits non *formal* en français. Mais le français *normal* existe bel et bien. On l'entend quotidiennement. Le *ne* de négation tombe, la morphologie verbale se simplifie, l'accord du participe passé est imperceptible, la règle de *tout,* inexistante. Mais le français *normal* n'est pas légitime. Il n'est pas permis, il n'a pas droit de cité. Il est du mauvais français, tout simplement. Du français de paresseux. Du français de nivellement par le bas. De la dégénérescence.

L'anglais a donc l'air plus facile, parce qu'il donne la permission à ses locuteurs d'utiliser des formes simplifiées. Les francophones le font aussi, évidemment. Mais ils se font taper sur les doigts lorsqu'ils le font. Parce que lorsqu'ils le font, selon les aristocrates de la langue, ils nient la beauté du français, ils refusent son prestige. Ils ne voient pas que c'est dans sa complexité que le français prend sa valeur.

Mais le temps du prestige est révolu.

Que faudrait-il faire pour que les jeunes qui tendent vers l'anglais voient un intérêt dans le français? Une bonne idée serait d'arrêter de leur présenter le français comme une langue prestigieuse. Arrêter d'essayer de montrer à quel point le français est beau et unique et nuancé et merveilleux. Si on a besoin de le montrer à ce point, c'est peut-être parce que certains ne le voient plus, ce merveilleux? Et si les jeunes n'en voulaient pas, d'une langue prestigieuse et merveilleuse? Et si les jeunes voulaient une langue qui réponde à leurs besoins de rapidité et d'efficacité?

On pourrait aussi arrêter de leur dire qu'ils n'ont pas besoin de tel ou tel mot, qu'ils ne devraient pas utiliser telle ou telle phrase. Pensons-y, quelques instants. C'est quand même le comble de la prétention d'aller dire à quelqu'un «tu n'as pas besoin de ce mot», «ce mot est inutile» («on évitera cet emprunt inutile» (BDL, *s.v. démotion*). Si un locuteur sent le besoin d'utiliser un mot, c'est qu'il en a besoin, point. Pourquoi doit-on toujours tenir pour acquis que si quelqu'un utilise un mot au lieu d'un autre, c'est qu'il ne connaît pas le «bon» mot? Pourquoi doit-on toujours prétendre que les locuteurs n'ont aucun contrôle sur la langue qu'ils utilisent, et qu'ils n'ont pas le droit de volontairement choisir un mot plutôt qu'un autre[27].

Bref, on pourrait libérer la langue française de ses entraves héritées des siècles passés. On pourrait délivrer la langue française de ses chaînes dorées qui l'empêchent d'évoluer.

---

27. J'ai utilisé le mot *revampé* plus tôt, en parlant de la loi 101. Ce mot est condamné. Mais j'ai choisi de l'utiliser, car il rend exactement ce que je désire exprimer, n'en déplaise aux autorités langagières.

CHAPITRE 12
LA LANGUE À AFFRANCHIR

Je veux saluer la personne qui révise ce livre. Pour les besoins de la cause, je vais l'appeler Antoinette. Antoinette n'a pas la tâche facile. Elle doit trouver que mon écriture est un peu saccadée. Que je fais des phrases qui ne respectent pas toujours le modèle canonique de la phrase française. Comme une phrase sans verbe commençant par *comme*. Elle doit aussi avoir eu à s'interroger sur le mot *revampé* dont j'ai parlé. Déjà, le fait que j'aie mis une note au sujet de ce mot disant qu'il était condamné a dû la titiller un peu. Elle est probablement allée chercher dans tous ses ouvrages de référence, pour trouver que la BDL (une ressource de l'OQLF) le condamne, mais qu'Antidote le note seulement comme familier. Elle aura aussi vérifié chez Robert et dans le TLF, et aura constaté que le mot n'y est même pas répertorié. Antoinette se sera probablement interrogée sur la pertinence du mot, elle se sera demandé si *modernisé*, solution de remplacement proposée par l'OQLF, peut être utilisé à la place. Elle aura ouvert son Facebook afin de poser la question dans un groupe fermé de correcteurs dont elle fait partie, groupe qui sert justement à exposer les problèmes épineux (et aussi à lancer quelques débats assez houleux sur l'usage d'un tel mot). Eh bien, chère Antoinette, sache que non. Sache que si tu me corriges mon *revampé*, je vais quand même le garder. J'aime beaucoup l'image qu'il permet. Je trouve que dire qu'il faut revamper la loi 101 correspond parfaitement à mon style d'écriture. Et je suis chanceuse, car ma maison d'édition que j'adore me donne carte blanche quant aux mots que j'emploie dans mes livres. Donc, ne te casse pas la tête et continue ton bon travail.

Les gens du public ont bien peu conscience du travail de révision qui se cache derrière tous les textes publiés. Pensons-y : les règles du français écrit sont tellement nombreuses, complexes et compliquées qu'il y a des gens qui travaillent à temps plein pour s'assurer qu'elles soient respectées. Mais s'assurer du respect de ces règles, c'est bien plus que simplement vérifier que les -*s* du pluriel sont bien là ou que les participes passés sont accordés correctement. L'exemple avec *revampé* en est un parmi tant d'autres. Les terminologues qui travaillent à trouver des solutions de remplacement[28] aux anglicismes usuels (je les salue également, ce n'est pas non plus un travail facile!) ont beau se casser la tête, ils ne peuvent pas toujours trouver le mot idoine pour tous les contextes. Il arrive que la personne qui fait la révision se trouve devant une impasse, et qu'elle ait à choisir entre suivre les recommandations des autorités langagières (et risquer de ne pas rendre parfaitement le sens souhaité) et conserver la forme initiale condamnée (et risquer de se faire dire qu'elle a mal fait son travail).

Peut-être que les interventions humaines modernes sont trop importantes? Peut-être que la volonté de rendre la langue «correcte» partout et tout le temps se heurte au flou du concept même de *langue «correcte»*? Jadis, les ouvrages de référence étaient construits à partir de l'usage de l'élite et des «bons» auteurs. «C'est une vérité maintenant incontestable, [*sic*] que la véritable grammaire réside dans les écrits des bons auteurs.» (Bescherelle *et al.*, 1847, Préface)[29]. À cette époque, la notion de «bons auteurs» semblait aller de soi. Aujourd'hui, c'est moins certain. Car les écrits modernes sont beaucoup plus nombreux que naguère, et on les trouve dans beaucoup plus de styles. On l'a vu, les nouveaux médias, s'ils changent la donne pour la société, la changent également pour la langue. Et avec les médias oraux, on ne doit maintenant plus seulement tenir compte de la langue écrite. La langue orale doit aussi faire partie des ouvrages. *La Presse* a publié en août 2016 une entrevue avec Édouard Trouillez, un lexicographe de la Maison Robert, dans laquelle on lui demandait comment s'effectuait le choix des nouveaux mots à «admettre dans le dictionnaire»:

> C'est un travail qui se fait au quotidien. On repère souvent ces mots nouveaux de façon accidentelle, en écoutant la radio, en regardant la télévision, en lisant des journaux, en

---

28. Parce qu'on «ne peut pas» dire *alternatives*, c'est considéré comme un anglicisme.
29. Petit message à Antoinette : la virgule après *incontestable* est bel et bien présente dans le texte des frères Bescherelle. Je sais que tu ne l'aimes pas, mais on va la leur laisser, d'accord? Tu vois, j'ai mis [sic] pour te faire plaisir.

les entendant dans les conversations. On fait entrer tout ça dans une base de données. Notre service de documentation effectue un premier tri, puis nous soumet une liste et on vote. Nous sommes 10 à 15 personnes à voter (*La Presse*, 2016).

Avec cet extrait s'écroulent tous les rêves inavoués de l'infaillibilité du Dictionnaire, et s'illustrent toutes les difficultés des gens qui travaillent en révision. Dix à quinze personnes votent sur les nouveaux mots à inclure, qu'elles auront glanés dans les journaux, à la radio, dans les conversations. Heureusement que les gens qui font la révision des journaux ne suivent pas à la lettre le contenu des dictionnaires! Sinon, comment pourrait-on espérer avoir de nouveaux mots dans les dictionnaires si les journaux sont corrigés par des réviseurs qui se basent sur ces dictionnaires qui incluent les nouveaux mots trouvés dans les journaux?

Le travail de révision, tout ardu soit-il, est nécessaire. Personne ne contesterait ce fait. Admettre cela, donc, c'est admettre qu'on ne peut s'attendre à ce que les personnes ordinaires puissent maîtriser toutes les règles au point de pouvoir publier des textes sans qu'ils aient été révisés auparavant. Pourtant, c'est ce qu'on attend des personnes ordinaires. Ces personnes ordinaires se font critiquer si elles ont le malheur de commettre des « fautes », elles se font reprendre, elles peuvent même perdre de leur crédibilité. Mais n'est-ce pas un peu contradictoire? N'est-ce pas contradictoire d'un côté, d'admettre que les textes doivent absolument être révisés par des gens dont c'est le métier de s'assurer que toutes les règles sont respectées, et, de l'autre, de juger les gens qui écrivent ces textes s'ils ne maîtrisent pas les règles?

On me dira qu'il faut en maîtriser un minimum. Mais où est-il décrit, ce minimum? Où est-ce écrit qu'on doit absolument faire la distinction entre le participe passé et l'infinitif, mais que l'accord du participe passé d'un verbe pronominal, lui, est moins important? Y a-t-il une grammaire qui énumère les règles auxquelles on doit obéir selon les types de textes? Cette grammaire n'existe pas. Dans les ouvrages de référence, toutes les règles ont la même importance. Mais elles ne sont pas toutes maîtrisées. Certaines sont évidemment plus faciles que d'autres. Généralement, les gens qui critiquent les autres sur la base des règles de l'écrit s'attendent à ce que les règles les plus faciles (comme le -s pluriel ou l'accord du verbe avec le sujet) soient respectées. Mais il y a des règles beaucoup plus difficiles que seuls les spécialistes maîtrisent, comme l'accord du participe passé de verbes pronominaux suivis d'un infinitif. Objectivement, toutefois, ces règles plus difficiles ne sont pas moins importantes que les autres. Chaque personne, donc, juge les « fautes » des autres sur la base de ses propres connaissances, et les règles importantes sont généralement les règles maîtrisées. Il peut même arriver qu'une personne croie dur comme fer maîtriser une règle, alors que ce n'est pas le cas (comme ceux qui reprennent les autres au sujet du verbe *marcher* au sens de « fonctionner », sens attesté depuis le XVIIᵉ siècle). Cela se produit dans beaucoup de situations. Une personne peut trouver que cela va de soi de connaître la différence entre un espresso et un cappuccino, et juger ceux qui ne le savent pas, mais une autre pourra juger à son tour cette même personne, car elle croit qu'un cappuccino doit nécessairement avoir une mousse volumineuse.

Et peu de gens consultent vraiment les ouvrages de référence. À part pour connaître l'orthographe d'un mot, peu de gens cherchent dans le dictionnaire. Je passe très souvent pour une grande savante lorsque quelqu'un me pose une question sur l'usage d'un mot ou sur son origine. Mais tout ce que j'ai fait, c'est ouvrir *Le Petit Robert* en ligne ou le *Trésor de la langue française*. C'est assez troublant de penser que la « qualité de la langue » occupe tant de place dans l'imaginaire de la population, alors que cette population ne fait pratiquement rien de concret pour s'assurer que cette qualité de la langue existe pour vrai. C'est comme un vœu pieux.

C'est impossible que les « gens ordinaires » maîtrisent toutes les règles. En fait, même les spécialistes, ceux qui travaillent en révision ou en traduction (on les appelle des langagiers) disent ne pas toutes les maîtriser. Les règles sont trop nombreuses, trop compliquées, il y a trop d'exceptions, trop de cas spéciaux pour qu'une personne puisse les appliquer toutes simultanément.

L'idéal, évidemment, serait de changer les règles. Résoudre les exceptions, décompliquer les complications. Déspécialiser les cas spéciaux. Tâche titanesque, voire impossible.

Il y a une autre solution. Sans changer systématiquement les règles (on pourrait bien en changer quelques-unes, cela dit), on pourrait arrêter de culpabiliser les gens qui ne les maîtrisent pas. D'ailleurs, pendant longtemps, les règles de l'écrit étaient la préoccupation des spécialistes, pas des gens ordinaires :

> Sous l'ancien régime, l'écriture reste une technique propre à certains corps de métier, les typographes, les correcteurs d'imprimerie, les maîtres-écrivains, les secrétaires. [...] Tous les écrivains, tous les hommes cultivés font des « fautes», de grosses fautes même, et n'en sont même pas gênés. Savoir écrire correctement, ce n'est pas, à l'époque, comme ça l'est devenu depuis, la base de la culture. Aucune culpabilisation sur la question (Chervel, 1981, p. 48).

Il y a d'ailleurs, plus tard, des traités de littérature et de stylistique qui s'emploient à corriger les fautes des auteurs classiques, comme celui d'Alexandre Lefranc (1844), *Traité de littérature*, dans lequel il dit :

> Le solécisme est une faute contre les règles de la grammaire, comme ce vers de Boileau :
>
> C'est à vous, mon esprit, à qui je veux parler
>
> Il fallait :
>
> C'est à vous, mon esprit, que je veux parler
>
> ou :
>
> C'est vous, ô mon esprit, à qui je veux parler (Lefranc, 1844, p. 14).

Mais la situation aujourd'hui n'a pas vraiment changé. Seuls les langagiers, un corps de métier spécialisé, sont censés connaître pratiquement toutes les règles et savoir comment les appliquer. Mais la différence est dans l'attitude. Jadis, le reste de la population ne se sentait pas coupable de ne pas maîtriser les règles.

Aujourd'hui, il y a une constante insécurité par rapport à la langue écrite : la majorité des francophones, lorsqu'ils écrivent, ont peur de ne pas pouvoir respecter toutes les règles. Et comme on accorde une importance capitale à la langue écrite, comme la langue écrite est jugée comme le plus haut niveau de langue qui soit, la majorité des francophones pense ne pas être à la hauteur pour s'exprimer dans ce plus haut niveau. La francophonie est faite d'insécurité.

Que peut-on faire ? Je n'ai pas la réponse à moi toute seule. Mais je crois que les problèmes panfrancophones de « baisse de qualité » du français devraient faire réfléchir plutôt que d'amener des critiques. Je crois que les tentatives de rectifications, toutes légitimes soient-elles, seront toujours vaines tant que l'attitude par rapport aux règles restera la même. Je crois que la langue a besoin d'être affranchie.

CHAPITRE 13
SE RACC'MMODER AVEC L'ÉVOLUTION LINGUISTIQUE

Quand j'étais petite, mes oncles et mon grand-père allaient *chef-d'œuvrer* (prononcer *chedevrer*) dans la *boutique* (le garage). *Chef-d'œuvrer* avait un sens un peu ironique d'invention qui ne marche pas toujours, ou c'est comme ça que je l'ai compris avec mon cerveau de petite fille. Plus tard, j'ai appris le mot *chef-d'oeuvrage* (prononcé *chedevrage*, évidemment), utilisé dans la région de Yamaska, bien loin de ma Beauce ancestrale. Un jour de tempête, j'ai entendu une personne âgée dire que les chemins n'étaient *pas allables*. On a beaucoup de mots de ce genre, au Québec, surtout à la négative. *Pas allable, pas mangeable, pas regardable, pas trouvable, pas respirable...*

Depuis que je fais de la vulgarisation en linguistique, je remarque une grande fascination pour le « bon vieux temps ». Évidemment, cette fascination n'est pas exclusive au domaine de la langue, mais elle y est très forte. Les gens réagissent toujours très fortement et très positivement quand je parle de mots ou d'expressions utilisées par nos parents et nos grands-parents, ou de tournures aujourd'hui disparues qui rappellent des souvenirs d'enfance. Quand j'ai parlé de ma découverte que l'expression *Roger Bontemps* (au sens de « personne nonchalante ») était attestée en créole haïtien, et que j'avais trouvé qu'il s'agissait en fait d'une figure allégorique très populaire dans la littérature médiévale (on la trouve notamment dans le *Livre du Cœur d'Amour épris* de René d'Anjou, un ouvrage qui date de 1457), j'ai eu beaucoup de commentaires de gens intéressés et beaucoup d'anecdotes du type « ah, j'étais certain que cette expression était juste utilisée dans ma région ! » ou « mon grand-père utilisait cette expression, je m'en souviens ! ».

D'ailleurs, l'origine des expressions perçues comme étant typiques du français parlé au Québec est toujours un sujet très populaire. Et les gens sont toujours très déçus lorsqu'ils apprennent que ces expressions ont une origine moins rocambolesque que celle qu'ils espéraient, ou pire, qu'on n'est tout simplement pas capable de connaître d'où elles viennent parce qu'elles sont des expressions familières qui ont toujours été utilisées à l'oral et pour lesquelles on a très peu de traces écrites.

Cette fascination pour les expressions qui ne font pas partie de ce qu'on associe généralement au «bon français» peut être surprenante. Pourquoi, en effet, les expressions caractéristiques du français québécois[30], qui sont habituellement stigmatisées, suscitent-elles tant d'intérêt historique? La raison est probablement identitaire. On sait que ces expressions n'obéissent pas aux règles canoniques, mais elles sont *à nous*. Je pourrais même dire *à nous autres*, pour accentuer le sentiment d'appartenance. Car malgré le fort sentiment d'insécurité linguistique qui pèse sur l'esprit de beaucoup de Québécois, il y a quand même une puissance identitaire irréfutable associée à la langue française. Les Québécois veulent entendre parler de leurs mots, de leurs expressions, de leurs tournures, qu'ils soient acceptés ou non. Certains ont même une petite satisfaction à se sentir hors-la-loi lorsqu'ils utilisent des formes qu'ils savent ne pas appartenir au «bon français».

Ces expressions sont anciennes. Ce sont les mots de nos aïeux. Beaucoup sont d'ailleurs en train de disparaître. C'est normal que des mots disparaissent. Mais par quoi les mots disparus sont-ils remplacés? Par des mots qui appartiennent au «bon français» ou par des mots d'origine anglaise. N'y a-t-il pas quelque chose de préoccupant, ici?

Jadis, le taux de scolarisation de la population québécoise était très bas. On ne le déplorera jamais assez. Une des plus grandes avancées de l'histoire du Québec aura été de permettre à sa population de se scolariser. Mais avec la scolarisation est venue une certaine vision de la langue. Les gens qui étaient peu ou pas scolarisés avaient bien peu conscience que leur langue n'obéissait pas à la norme du «bon français». Ils parlaient comme ils parlaient et c'était tout. Oh, ils devaient bien se rendre compte que leur langue ne correspondait pas à la langue radio-canadienne (surtout à l'époque!), et ils devaient même ressentir une certaine insécurité par rapport à cela, mais cette insécurité devait faire partie d'un ensemble avec l'insécurité relative aux classes sociales, encore très marquées et très

---

30. Qu'on appelle parfois des *québécismes*, mais je n'aime pas beaucoup ce mot, qui peut induire une connotation négative qui est due à sa ressemblance avec *anglicisme*; les mots en *-isme* sont très délicats.

reconnues il n'y a pas si longtemps. Lorsque les enfants se sont mis à fréquenter l'école plus assidûment, ils se sont fait corriger la langue utilisée dans leur famille. On m'a même raconté qu'il pouvait y avoir des activités de récompenses durant lesquelles une liste de mots à corriger (*moé, toé, icitte*, etc.) était donnée chaque semaine, les enfants perdant des points s'ils utilisaient les mots visés.

L'école, donc, a contribué à forger l'imaginaire linguistique québécois. Les formes linguistiques ancestrales ne sont évidemment pas disparues du jour au lendemain, on en a d'ailleurs encore beaucoup, et le français québécois est toujours différent du «bon français». Mais on n'en a pas créé de nouvelles. Le cadre scolaire, enseignant que le «bon français» se trouve dans les ouvrages de référence et que les nouveaux mots doivent avoir reçu un sceau officiel, a non seulement stigmatisé toutes les formes issues du fonds historique québécois, mais il a aussi inhibé le réflexe de création lexicale. Car ces expressions qu'on aime tant, pour lesquelles on a une si grande nostalgie, un *abatteur d'ouvrage*, de l'*agaçage*, un *amanchage*, elles ont bien été inventées un jour. Il y a bien quelqu'un qui, ayant besoin d'un mot, a décidé de le créer à partir des outils linguistiques qu'il avait à sa disposition. Qui fait ça, aujourd'hui, spontanément? Les enfants le font. Les enfants inventent des mots. Mais ils les perdent très rapidement. À quel moment les perdent-ils? Lorsqu'ils commencent à fréquenter à l'école.

Le français normé ne permet pas à ses locuteurs d'inventer des mots au fil de leurs besoins. J'en entends d'ici s'exclamer : «Mais c'est évident! Si on permet à tout le monde d'inventer des mots, plus personne ne va se comprendre!» Cet argument est généralement l'argument massue pour justifier la surnormalisation du français. Comme si l'opposé de l'interdiction était l'anarchie. Comme si le fait que les gens puissent inventer des mots aurait pour conséquence qu'ils inventent volontairement des mots incompréhensibles. Comme si le but d'une langue, à la base, n'était pas la communication. Si je parle de *galafner*, personne ne saura ce que c'est. Mais c'est factuel. Il suffit de l'apprendre et après, on le sait. Jusqu'à tout récemment, personne ne savait ce qu'était un tapis de souris ou un pdf. Si, par contre, je dis que quelque chose est *galafnable*, que cet homme est un *galafneur* ou que je suis une *galafniste*, sans savoir ce que veut dire *galafner*, on saura que *galafnable* veut dire « qui peut être galafné », qu'un *galafneur* est « une personne qui galafne » et que le *galafnisme* est une école de pensée à laquelle appartiennent les *galafnistes*.

Par ailleurs, cette menace de l'anarchie linguistique sous-entend que la langue qui sort du cadre prescriptif n'obéit à aucune règle. Mais la langue a toujours des règles, qu'elles soient colligées ou non dans les ouvrages de référence. En français, le pronom qui détermine la personne verbale est externe (contrairement à l'espagnol ou à l'italien), le sujet précède habituellement le verbe, qui varie selon le temps et le mode, le genre et le nombre sont donnés par les articles, etc. Lorsque les locuteurs désobéissent aux règles dictées par les ouvrages de référence, ils ne se mettent pas soudainement à dire des phrases du type « Regarderions duquel mouton de avec pourquoi c'est si » ! La phrase « J'vas arrêter de t'ostiner », même si le verbe *aller* n'est pas conjugué de la « bonne » manière, et même si *ostiner [quelqu'un]* n'est pas accepté, suit quand même des règles et est compréhensible, dans la mesure où on connaît le sens des mots utilisés (il s'agit alors d'une connaissance lexicale, chose très facile à obtenir). De plus, les enseignants de français pourront en témoigner, les « fautes » commises par les étudiants sont presque toujours les mêmes. Et les règles à enseigner aux enfants également : il faut dire « ils étaient » et non « ils sontaient », il faut dire « vous faites » et « vous dites » et non « vous faisez » et « vous disez », il faut dire « j'ai pu » et non « j'ai pouvu ». Ce n'est pas un hasard si ces fautes reviennent systématiquement. C'est qu'elles suivent bel et bien des règles, qui ne sont pas acceptées, qui ne font pas partie de celles utilisées comme tremplin social, mais qui sont des règles quand même.

Les locuteurs de l'anglais ont une grande liberté lexicale[31]. Ils peuvent verber des noms, créer des dérivés avec n'importe quel mot, juxtaposer des concepts. Que je sache, l'anglais se

---

31. Je tiens à répéter ici que je ne dis en aucun cas que l'anglais est supérieur au français. Je parle ici de l'attitude des locuteurs par rapport à la langue, pas de la langue elle-même.

porte relativement bien, non ? Cette liberté lexicale ne semble pas le mettre en danger ! Pourquoi serait-ce le cas si on l'avait en français ?

C'est ridicule de penser que des locuteurs d'une langue peuvent évoluer dans le monde actuel avec un ensemble fini de ressources linguistiques. C'est aussi ridicule de penser qu'ils aient à attendre que les autorités langagières se soient prononcées sur la correctivité des nouvelles formes pour avoir le droit de les utiliser. Une personne devrait pouvoir se servir des outils linguistiques qu'elle a à sa disposition pour créer les mots qui lui manquent lorsqu'elle parle. Les francophones n'ont pas ce réflexe. Que font-ils ? Ils se tournent vers les mots inventés par les locuteurs qui l'ont. Ils empruntent les mots que les locuteurs de l'anglais inventent au fil de leurs besoins, ou ils les traduisent, en se faisant croire qu'ils sont meilleurs que ceux qui font un bête emprunt lexical direct, étant donné qu'eux, ils se sont forcés pour traduire le mot. Mais ça demeure de l'emprunt quand même, dans un monde où *anglicisme* est vu comme négatif.

Comprenons bien. Je ne critique pas les gens qui empruntent à l'anglais les mots dont ils ont besoin. Je critique le fait que l'imaginaire linguistique francophone ne leur ait pas permis de se les créer eux-mêmes. Je critique le fait que plusieurs commentateurs langagiers, du même souffle, critiquent les emprunts à l'anglais et condamnent l'idée que les gens puissent avoir un quelconque contrôle sur leur langue.

On l'a vu, la création lexicale fait partie de l'évolution linguistique. La langue française s'est construite de cette manière. Des mots sont créés, des mots sont empruntés, des sens sont élargis. Certains restent, d'autres non, d'autres encore sont modifiés une autre fois. Ainsi va la vie qui va.

Il ne me viendrait jamais à l'esprit de dire que l'école est négative pour une société. J'ai la ferme conviction que beaucoup des graves problèmes sociétaux trouveraient leur solution si le taux de scolarisation augmentait. Mais l'école n'est pas parfaite, évidemment. Depuis que les francophones fréquentent plus assidûment l'école, leur création lexicale est recluse. Nos ancêtres, qui inventaient des mots dont on déplore aujourd'hui la disparition, n'étaient pas instruits, mais leur liberté lexicale était beaucoup plus grande que la nôtre. Disons-le franchement : ils n'avaient pas ce souci de respecter les normes. Les enfants l'ont encore, d'ailleurs, cette liberté.

Et si on essayait de ne pas restreindre la liberté de nos enfants ? Ce ne serait pas si difficile de leur enseigner les différents registres de langue, de leur montrer à quels moments il est approprié de se laisser aller et à quels moments on doit plutôt se plier à des règles plus strictes. Et si on retrouvait notre propre liberté ? Peut-être que nos artistes arrêteraient de se sentir « plus libres » en anglais ? Dans les années 1960 et 1970, avec le mouvement joualisant de Tremblay, Charlebois et consorts, on a eu des illustrations de cette liberté. Mais il semble qu'aujourd'hui, on ait besoin d'autre chose (d'ailleurs, tous les artistes qui écrivent en français québécois familier se font presque systématiquement comparer à Tremblay et à Charlesbois, c'en est lassant). Mais cette liberté, illustration de l'évolution linguistique, a déjà fait partie de la vie des francophones. Il suffit de se racc'mmoder avec elle, comme disait ma grand-mère, et de la revamper...

CONCLUSION

Les problèmes linguistiques sont toujours très vastes, car ils ne se règlent jamais avec une seule solution et ne sont jamais dus à une seule cause. Souvent, même, on les interprète comme des problèmes, alors que ce ne sont que des illustrations de l'évolution normale. Je serais donc très mal placée pour dire que j'ai la réponse aux problèmes linguistiques québécois. Il ne me viendrait jamais à l'idée de faire une telle affirmation, de toute façon. En linguistique comme ailleurs, plus on comprend de choses, plus on s'aperçoit qu'on n'en comprend pas beaucoup. Je ne sais pas si j'ai compris beaucoup de choses en linguistique, mais je sais qu'il m'en reste beaucoup à comprendre. La langue est bien plus qu'un système de communication. À preuve, si elle n'était que cela, on pourrait se contenter de n'importe laquelle. Si on ne se servait de la langue que pour communiquer, on ne s'inquiéterait pas que le français soit remplacé par l'anglais. Mais la langue est un vecteur identitaire, un tremplin social, une porte d'entrée culturelle, un matériau artistique. Et la langue est avant tout un produit social, un magnifique monstre illogique et subjectif. Un chaos glorieux.

Les solutions que j'ai évoquées dans ce livre ne sont pas des solutions. Ce sont des pistes de réflexion. Ce sont, en général, des propositions de changement d'attitude. Les changements d'attitude par rapport à la langue doivent d'abord se faire individuellement. L'attitude linguistique, c'est le rapport intrinsèque que chaque personne a avec sa langue. La manière dont elle la perçoit. La manière dont elle réagit quand sa langue est attaquée. La manière dont elle se voit à l'intérieur de la langue. La manière dont elle perçoit la langue des autres.

Évidemment que le fait que la langue des jeunes soit presque systématiquement critiquée n'est pas le seul facteur qui les fait opter pour l'anglais. Évidemment qu'il y en a d'autres, beaucoup plus profonds, beaucoup plus complexes, qui varient d'une personne à l'autre. Je suis certaine que beaucoup de lecteurs en auront trouvé des dizaines au fil des pages. Tant mieux. Car mon idée ici est de faire changer l'axe d'analyse. Cessons de critiquer. Cessons de condamner. Rabaisser la langue des autres, ça n'a jamais donné de bons résultats. Jamais. Rabaisser les autres tout court, ça n'a jamais donné de bons résultats.

Une chose demeure, cependant. Pour maintenir le français au Québec, il faut que les gens parlent français. Pour que les gens parlent français, il faut qu'ils en aient envie. Beaucoup de gens, au Québec, n'ont plus envie de parler français. Parce que l'anglais semble plus facile? Probablement. Parce que l'anglais est plus attirant? Sûrement. Parce que l'anglais leur donne plus de liberté? Certainement. Faut-il s'attaquer à l'anglais? Faut-il essayer de démontrer que ces gens se trompent, que l'anglais n'est pas plus facile, qu'il ne donne pas plus de liberté? Que cette liberté est factice? Que l'anglais n'est pas plus attirant? Honnêtement. Pense-t-on vraiment que le fait de dire «l'anglais n'est pas attirant» rendra l'anglais moins attirant?

Ne devrait-on pas plutôt essayer de redonner son attrait au français? Pas en imitant l'anglais, attention. Ce serait comme des parents qui essaient de s'habiller comme leurs enfants pour avoir l'air cool. Non, le français peut être attirant. Le français a, en lui, un potentiel merveilleux. Cet attrait a déjà été là. L'histoire nous l'a enlevé. Les têtes couronnées qui ont associé le français à leur propre prestige ont obligé les francophones à lui mettre une perruque et, depuis, on semble avoir oublié qu'il est beau sans cette perruque. Qu'il est un superbe troubadour. Qu'il est inventif, et qu'il peut même être un tant soit peu sournois et voler les mots des autres langues, sans les leur rendre. Et, surtout, qu'il peut être bon même quand il est mauvais. Que l'idée du mauvais n'est qu'une idée. Que si on veut que ce mauvais soit du bon, on n'a qu'à décider que c'en est, et c'en sera.

Ceux qui se sentent plus libres en anglais ne devraient pas se sentir moins libres en français. Ce n'est pas la langue qui donne la liberté. C'est l'attitude des locuteurs. Cette liberté, donc, on peut la prendre. Il faut la prendre! Les frères Bescherelle ont dit que la vraie grammaire n'existait que dans les écrits des bons auteurs. Eh bien, soyons bons! Écrivons librement! Affranchissons-nous!

ÉPILOGUE
CLÉMENTINE NE PARTIRA PAS

Clémentine était heureuse de revenir de son stage d'études de cinq ans en Métropolie. Elle y a étudié la Maisonnerie ancestrale et son influence sur le développement de la société. Évidemment, toute la communauté l'a accueillie avec tambours et trompettes. Le sentiment d'appartenance des habitants de Colonie, même s'ils ne sont depuis longtemps plus des citoyens de Métropolie, est encore très fort. La tante maternelle de Clémentine, Zoé, par contre, n'avait pas le cœur à la fête. Sa fille Charlotte est partie vivre avec un Extraneus, un certain Zach. Tout le monde est en deuil.

Clémentine savait déjà que Charlotte avait quitté sa famille. Sa petite cousine préférée lui avait écrit lors de son départ. Bien que la situation lui fasse énormément de peine, elle comprend toutefois l'attitude de Charlotte. Clémentine ne l'avouera pas devant les autres, mais si elle est partie étudier si loin, si longtemps, c'est un peu pour se libérer de cette oppression qu'elle a ressentie depuis qu'elle est toute petite. Elle aussi, elle a dû mettre le bleu habituel dans sa chambre. Elle aussi, elle a dû cirer les planchers et apprendre à préparer la cire selon la bonne technique. Elle aussi, elle a tenté de se rebeller, sans grand succès.

Clémentine ne partira pas. Son monde lui a beaucoup trop manqué durant ces cinq années. Et en étudiant l'histoire de la Maisonnerie ancestrale, elle a appris que bien des choses qu'on croit aller de soi sont en fait des emprunts faits à d'autres communautés. Le Bleu habituel, par exemple. À l'origine, les chambres des jeunes filles étaient jaunes. Mais à une certaine époque, l'armée de Cosmopolie a envahi le territoire de Métropolie. Plusieurs techniques de Maisonnerie ont alors changé, dont la couleur habituelle, qui est passée du jaune au bleu. Peu de gens connaissent cette histoire, et ceux qui la connaissent ne semblent pas faire de lien avec la situation actuelle. Ils classent la chose parmi les anecdotes historiques intéressantes, celles qu'on peut se raconter pour montrer qu'on a de la culture, mais ils ne voient pas que si le Bleu habituel n'a pas toujours été là, il peut ne pas toujours être là non plus, et ce n'est pas plus grave.

Ils ne voient pas que la valeur symbolique qu'on accorde à ces couleurs n'a rien à voir avec les couleurs elles-mêmes. C'est plutôt l'attitude par rapport à ces couleurs qui compte.

Clémentine a rapporté plusieurs pigments de Métropolie. Elle a décidé d'embellir sa maison, ou plutôt l'étage de la maison familiale qui lui a été accordé à sa majorité. En s'inspirant des techniques qu'elle a apprises d'un maître maisonnier, elle a peint le mur de sa chambre en Bleu habituel des filles de 10 ans (de plus en plus, dans plusieurs communautés, de toute façon, on n'associe plus l'âge à la couleur), et a dessiné l'arbre et l'oiseau de sa cousine Charlotte en ton sur ton, avec le Bleu habituel de Métropolie, qui est légèrement différent. Elle s'attendait bien à ce que ses parents et, surtout, sa tante Zoé, réagissent négativement à la vue de ce mur. Clémentine était prête. Avec beaucoup de tact, elle a demandé à ses parents pourquoi, selon eux, elle ne pouvait pas faire ce genre de peinture sur son mur. Leurs réponses étaient celles qu'elle attendait, étant donné qu'elle avait eu cette discussion des années auparavant. Cette fois-ci, forte d'arguments historiques et de considérations logiques, elle a pu leur répondre. Elle leur a cité Gambage, un grand maisonnier de Métropolie dont personne ne conteste l'expertise, qui disait qu'avant tout, pour maintenir et préserver une maison, il fallait l'aimer. Elle leur a cité Bluxarde, une artiste de Colonie (que sa mère admirait énormément), qui avait su rendre graduellement les murs des salons ancestraux, jadis ternes et monochromes, plus brillants et plus vivants. Elle leur a parlé de son amour pour la Maisonnerie, de son besoin de comprendre les racines de ses ancêtres, mais aussi, de son besoin de se sentir représentée, reconnue, dans sa propre maison. Elle leur a montré qu'elle n'avait utilisé que des couleurs ancestrales pour faire son mur, mais qu'elle les avait seulement utilisées un peu différemment. Elle leur a démontré que ce ne sont pas seulement les grands artistes et les grands maisonniers qui ont le droit de jouer avec les couleurs, que les gens peuvent souhaiter rendre leur maison à leur goût, même s'ils s'éloignent un peu des traditions. Elle leur a dit que tant qu'elle resterait dans la maison, la maison ne serait pas en danger. Finalement, ses parents ont accepté. Elle ne sait pas s'ils ont complètement compris, mais ils ont accepté.

Clémentine travaille maintenant à l'École de Maisonnerie de sa communauté. Elle y enseigne les techniques ancestrales, mais aussi, les nouvelles techniques. Elle explique aux jeunes qu'on peut très bien sortir du cadre déterminé par la tradition sans pour autant mettre les Maisons en danger. Il suffit de garder en tête que la Maison est importante. Elle a même invité une artiste qui se spécialise dans le recyclage des miroirs de Métropolie (célèbre pour son miroir rectangulaire intégré à un miroir ovale) à venir faire un séminaire. Cette artiste, Aglaé, est maintenant reconnue de tous et gagne sa vie à fabriquer des miroirs originaux. Il paraît que même la Mairesse de la ville lui en a commandé un pour l'anniversaire de sa fille.

Les parents de Clémentine ne savent pas trop quoi penser des entreprises de leur fille. Elle ne semble pas vouloir quitter la maison (ce qui les rassure), et elle semble accorder énormément d'importance au maintien des Maisons. Même si elle a beaucoup d'amis extranei, elle ne manque jamais une occasion pour rappeler les luttes que ses ancêtres ont dû mener pour maintenir leur mode de vie. Elle enseigne les techniques ancestrales de fabrication de la cire à plancher, mais elle montre aussi comment se servir du vernis extranei, comme si de rien n'était. Elle dit que la cire à plancher peut s'utiliser dans certaines pièces auxquelles on accorde une grande importance, mais que dans les endroits de la vie de tous les jours, ce n'est pas grave de vernir le plancher. C'est même souhaitable, puisque ça nous laisse plus de temps pour apprendre à mieux maîtriser la technique de cirage.

Depuis que Clémentine est revenue et qu'elle s'est mise à travailler pour sa communauté, l'atmosphère a changé. Les jeunes semblent moins rébarbatifs à apprendre les techniques ancestrales. Beaucoup, même, adorent cela. La mère de Clémentine, qui a toujours adoré le jaune, s'est même laissée tenter et a mis dans sa propre chambre le Jaune d'origine des chambres des jeunes filles de Métropolie, celui d'avant les invasions cosmopoles. Les gens n'en sont pas encore complètement revenus. Clémentine est très fière de sa mère.

Nous sommes maintenant en novembre. C'est le soir. Clémentine prépare une conférence pour la semaine prochaine à l'Université Nationale, dans laquelle elle présentera l'histoire

de la Maisonnerie ancestrale de Colonie. Elle est très enthou-
siaste : il s'agit du résultat des recherches qu'elle a faites durant
ses études. Sa thèse vient d'être publiée.

On frappe doucement à la porte.

C'est Charlotte.

BIBLIOGRAPHIE

MONOGRAPHIES

BESCHERELLE et al. (1864). *Grammaire nationale*. Paris, Garnier frères.

BRUNOT, Ferdinand (1905-1953). *Histoire de la langue française des origines à 1900*. Paris, Armand Colin, 13 tomes.

CHERVEL, André (1981). *… Et il fallu apprendre à écrire à tous les petits Français : Histoire de la grammaire scolaire*. Paris, Payot.

DESBIENS, Jean-Paul (1960). *Les insolences du Frère Untel*. Montréal, Éditions de l'Homme.

ESTIENNE, Henri (1579). *Proiect du livre intitulé De la precellence du langage François*. Paris, Mamert Patisson.

FUMAROLI, Marc (2001), *Quand l'Europe parlait français*. Paris, Fallois.

HANDFIELD, Mathieu (2017). *À propos de la vente illégale de sapins de noël*, inédit.

LEFRANC, Alexandre (1844). *Traité de littérature*, s.n.

REY, Alain et al. (2007), *Mille ans de langue française. Histoire d'une passion*. Paris, Perrin.

RINFRET, Raoul (1896). *Dictionnaire de nos fautes contre la langue française*. Montréal, C-O Beauchemin & Fils.

ROWLING, J.K. (2000). *Harry Potter and the Philosopher Stone*. New York, Scholastic.

VAUGELAS, Claude Favre de (1647). *Remarques sur la langue françoise*, Fac similé de l'édition originale, introduction, bibliographie, index par Jeanne STREICHER (2000), Genève, Slatkine Reprints.

QUOTIDIENS

BAILLARGEON, Stéphane (2016). « Alexandre Taillefer a bon espoir d'acheter "L'Actualité" ». *Le Devoir*, 3 décembre 2016. [En ligne] http://www.ledevoir.com/societe/medias/486216/taillefer

BOCK-CÔTÉ, Mathieu (2012). « Le français massacré ». *Le journal de Montréal*, 16 octobre 2012. [En ligne] http://www.journaldemontreal.com/2012/10/16/le-francais-massacre

BOCK-CÔTÉ, Mathieu (2013), « Le téléphone plus intelligent que nous ». *Le Journal de Montréal*, 23 septembre 2013. [En ligne] http://www.journaldemontreal.com/2013/07/26/le-telephone-plus-intelligent-que-nous

BOCK-CÔTÉ, Mathieu (2014). « Le franglais : le raffinement des colonisés ». *Le Journal de Montréal*, 12 juillet 2014. [En ligne] http://www.journaldemontreal.com/2014/07/12/le-franglais-le—raffinement-des-colonises.

BOMBARDIER, Denise (2016). « Triste à mourir ». *Le Journal de Montréal*, 12 décembre 2016. [En ligne] http://www.journaldemontreal.com/2016/12/12/triste-a-mourir

BOMBARDIER, Denise (2016), « Mange de la m... ». *Le Journal de Montréal*, 6 décembre 2016. [En ligne] http://www.journaldemontreal.com/2016/12/06/mange-de-la-m

CORNELLIER, Louis (2016), « La langue mêlée de Marc Cassivi ». *Le Devoir*, 19 mars 2016. [En ligne] http://www.ledevoir.com/culture/livres/465816/la-langue-melee-de-marc-cassivi,

DUBREUIL, Émilie (2016), « Loadé comme un gun », *Voir*, 9 décembre 2016.

DUMONT, Marie-Ève (2016). « Les Québécois cherchent des alternatives bouffe ». *Le Journal de Montréal*, 16 octobre 2016. [En ligne] http://www.journaldemontreal.com/2016/10/16/les-quebecois-cherchent-des-alternatives-bouffe

DUROCHER, Sophie (2016) « Le Québec "Full Cool" ». *Le Journal de Montréal*, 2 mai 2016. [En ligne] http://www.journaldemontreal.com/2016/05/02/le-quebec-full-cool.

LAFONTAINE, Jacques (2016). « Coupez le courant ! ». *Le Journal de Québec*, 11 décembre 2016. [En ligne] http://www.journaldequebec.com/2016/12/11/coupez-le-courant

LEDUC, Louise (2016). « Comment entre-t-on dans Le Robert ? ». *La Presse +*, 10 août 2016. [En ligne] http://plus.lapresse.ca/screens/a007c21d-b49e-4712-9a53-912c73713c1a%7C_0.html

LEMIEUX, François (2017) « "Ça va très bien au niveau des relations de travail" - Normand Marinacci ». *Journal Métro*, 4 janvier 2017. [En ligne] http://journalmetro.com/local/ouest-de-lile/actualites/1072563/ca-va-tres-bien-au-niveau-des-relations-de-travail-normand-marinacci/

MURPHY, Caroline G. (2016). « Deux gars se livrent la bataille la plus pathétique du monde après un cas de rage au volent ». *Le journal de Montréal*, 29 septembre 2016. [En ligne] http://www.journaldemontreal.com/2016/09/29/2-gars-se-livrent-la-bataille-la-plus-pathetique-du-monde-apres-un-cas-de-rage-au-volant

PULLUM, Geoffrey (2012). *Lingua Franca. Language and writing in academe*, 18 janvier 2012. [En ligne] « Normal and Formal », http://www.chronicle.com/blogs/linguafranca/2012/01/18/normal-and-formal/,

SAVOIE, Wilfred (2012). « Un français médiocre ». *Acadie nouvelle*, 20 août 2012. [En ligne] http://www.acadienouvelle.com/mon-opinion/2012/08/20/un-francais-mediocre/

WARREN, Paul (2014), « 'Mommy' : un grand film, oui, mais... », *Le Devoir*, 11 octobre 2014.

[anonyme] Service et programmes, Gouvernement du Canada. « Suite à un décès ». [En ligne] https://www.canada.ca/fr/emploi-developpement-social/services/prestations/famille/mort.html

[anonyme] (2008). « La Nouvelle-Beauce met l'emphase sur le cellulaire au volant », *En Beauce.com*, 5 septembre 2008. [En ligne] http://www.enbeauce.com/actualites/faits-divers/10295/la-nouvelle-beauce-met-lemphase-sur-le-cellulaire-au-volant

[anonyme] (2016). « Des cris et des pleurs… Définitivement un Dolan ». *La clique du Plateau*, 28 juin 2016. [En ligne] http://www.cliqueduplateau.com/2016/06/28/des-cris-et-des-pleurs-definitivement-un-dolan/

PÉRIODIQUES

ARRIGHI, Laurence et Isabelle VIOLETTE (2013). « De la préservation linguistique et nationale : la qualité de la langue de la jeunesse acadienne, un débat linguistique idéologique ». *Revue de l'Université de Moncton*, vol. 44, n° 2, p. 67-102.

SWIGGERS, Pierre (2009). « Le français et l'italien en lice : l'examen comparatif de leurs qualité chez Henri Estienne ». *Synergies Italie*, n° 5, p. 69-76.

BANQUE DE DONNÉES

Banque de dépannage linguistique. [En ligne] http://www.oqlf.gouv.qc.ca/ressources/bdl.html

DIVERS

Barère de Vieuzac, Bertrand (1794). *Rapport du Comité de salut public sur les idiomes.* Le 8 pluviôse an II (27 janvier 1794). [En ligne] http://www.axl.cefan.ulaval.ca/francophonie/barere-rapport.htm

Édit de Villers-Cotterêts. [En ligne] http://www.axl.cefan.ulaval.ca/francophonie/Edit_Villers-Cotterets.htm

RECYCLÉ
Papier fait à partir
de matériaux recyclés
FSC® C100212

Achevé d'imprimer en mars 2017
sur les presses de l'imprimerie Gauvin.

Cet ouvrage est entièrement produit au Québec.